KLAUS VOGEL

AVEC VALÉRIE PÉRONNET

Tous sont vivants

Témoignage

*Ma Deborah...
je te confie "mon"
capitaine - J'espère
que tu l'aimeras
autd que moi !
Baisers Valé*

les arènes
ILS CHANGENT LE MONDE

Ouvrage publié sous la direction de Jean-Baptiste Bourrat.

Tous sont vivants se prolonge sur www.arenes.fr

Éditions des Arènes
27, rue Jacob, 75006 Paris
Tél : 01 42 17 47 80
arenes@arenes.fr

Wir müssen sehen was geschehen ist,
mit offenen Augen.
Nous devons regarder ce qui s'est
passé avec les yeux grands ouverts.

Sigrid von Lehe, née von Verschuer,
ma grand-mère

1

Cauchemar

Je ne sais pas combien ils sont. Des dizaines au moins, une centaine, peut-être. Le visage du premier est si près de moi que je peux presque le toucher. Ils nagent en se tenant par la main ; le premier tient le deuxième, le deuxième tient le troisième, dans une longue chaîne humaine, jusqu'à l'infini. Le dernier est si loin qu'il semble tout petit. Si loin que je ne le vois pas lâcher la main de l'avant-dernier. Il est en train de disparaître. Où est-il ? J'ai très peur pour lui. Je sens, je sais, qu'il est en train de se noyer.

Je ne le vois plus parce qu'il se noie.

Si je ne fais rien, les autres vont se noyer aussi. Un par un. L'avant-dernier a lâché à son tour. Minuscule, à l'horizon.

Je peux les sauver. Il suffit que j'attrape la main du premier pour le hisser près de moi. Il tirera celui d'après, qui tirera celui d'après, jusqu'au bout de cette longue chaîne. Nous pouvons sauver tout le monde. La mer est calme, le vent est doux. Il n'y a aucune raison qu'on ne puisse pas les sauver. Tous.

Mais je n'y arrive pas. Je ne comprends pas pourquoi. Je ne sais pas comment faire. À chaque fois que j'attrape la main du premier, elle glisse dans la mienne. Je vois la terreur dans ses yeux. Et je sens la peur me prendre, tout entier.

Je ne peux pas y arriver seul. Ils se noient l'un après l'autre.

Je me réveille en sursaut, mon cœur bat à cent à l'heure. Je n'ai pas pu attraper le premier. Ils sont tous morts. Je n'ai rien pu faire.

C'est un cauchemar. C'est même le pire cauchemar qui ait jamais hanté mon sommeil.

C'était il y a plus de trente ans, au printemps 1982. J'étais lieutenant pont, embarqué sur un cargo en mer de Chine. Nous rentrions à vide par la mer Rouge et le golfe Persique, vers le Japon, en passant par Singapour. J'avais 25 ans, diplômé depuis quelques mois, et j'étais chargé de tracer la route sur la carte. J'ai fait au plus court, au plus direct, au plus logique : traversée de la mer de Chine, à quelques douzaines de miles des côtes du Vietnam.

Je savais que nous risquions de croiser des boat people. J'avais entendu parler du *Cap Anamur*, le navire affrété en Allemagne par Rupert et Christel Neudeck et leurs amis, et de *l'Île de Lumière*, le navire-hôpital soutenu par des intellectuels français, envoyés au secours de milliers de Vietnamiens, Cambodgiens et Laotiens qui fuyaient le régime de Hanoï en se jetant avec désespoir dans des jonques bondées sur les eaux dangereuses de la mer de Chine. Nous en croiserions, peut-être. Nous avions beaucoup de place à bord : le *Kongsfjord,* un roulier super-moderne de deux cents mètres de long, disposait d'une large rampe d'accès qui pouvait accueillir des centaines de personnes que nous pourrions mettre en sécurité.

Quand le capitaine a vu mon tracé, il l'a refusé sèchement, et m'a ordonné de le rectifier en contournant la zone où nous aurions pu croiser des boat people. Ni lui ni son second n'ont voulu discuter. Je me souviens d'une vague allusion au fait que même si ces bateaux envoyaient des signaux lumineux, ça ne voulait pas forcément dire qu'ils avaient besoin d'aide. Et que le mieux était de ne pas en tenir compte.

Je me suis tu et j'ai obéi, parce qu'on ne s'oppose pas au capitaine. Ou alors on quitte le navire. On démissionne. On prend le large. En pleine mer de Chine...

Alors j'ai dessiné un nouveau tracé, loin des côtes. Et la nuit suivante, pour la première fois, j'ai fait ce cauchemar. Mon cauchemar. Je me rappelle chaque détail, comme si c'était hier.

2

Prendre la mer

J e ne voulais pas être marin, je voulais être médecin. Comme les gentils docteurs, et leur super-équipe, qui avaient pris soin de moi quand j'étais un petit garçon de 5 ans, hospitalisé pour une méningite. Mes parents n'avaient pas le droit de m'approcher, juste un coucou dans l'entrebâillement de la porte. Je me souviens de la douceur et de l'attention dont tout le monde a fait preuve avec moi dans cet hôpital. Et de m'être dit qu'un jour, je serais comme eux.

Je me souviens aussi d'un voyage en train avec ma mère, j'avais 12 ans. Dans le compartiment il y avait un homme, assez jeune, blond, cheveux frisés, sympathique, qui semblait totalement épuisé. Il a dormi comme une masse pendant la moitié du trajet. Quand il s'est réveillé, il a lié conversation avec ma mère. Je n'ai pas dit un mot, mais j'ai bu ses paroles : il était médecin. Il revenait d'une mission humanitaire au Biafra. Il racontait, les yeux brillants, avec une fougue qui semblait jaillir des tréfonds de lui-même, qu'il revenait des tréfonds de l'enfer. Que des gens, là-bas, mouraient de faim et de toutes sortes de maladies provoquées par la famine et la guerre. J'avais vu les articles et les photos dans les journaux – dès que j'ai su lire, j'ai aimé lire les journaux. Mais l'entendre raconter sa mission m'a bouleversé. Il disait qu'il était urgent de venir en aide à tous ces gens, qu'il était insupportable que personne ne fasse rien. Qu'ils avaient travaillé, énormément, mais que c'était affreusement insuffisant. Qu'ils étaient trop peu. Qu'ils manquaient de moyens. J'ai gardé de cette rencontre une impression mélangée d'espoir et de désespoir, de réconfort que des hommes tels que lui existent et d'une sorte de gêne qu'il semble à la fois si bon et si radical dans sa colère.

Et puis je l'ai oublié.

Quand j'ai eu mon bac, à 17 ans, j'ai décidé de ne pas commencer tout de suite mes études de médecine. Je voulais d'abord sortir de mon milieu bourgeois, confortable comme une tour d'ivoire. Faire un travail concret, palpable. Découvrir d'autres mondes que le mien. J'ai donc annoncé à mes parents que la prochaine année scolaire, avant d'entrer à l'université, je serai ouvrier comme mon grand-père paternel Hugo, ouvrier typographe. Ils ont accueilli l'annonce avec assez peu d'enthousiasme, mais, comme à leur habitude, m'ont laissé libre de mon choix.

Le printemps avant de passer mon bac, je suis allé quelques jours à Hambourg, chez ma grand-mère Rosi. Et j'ai découvert, en me baladant sur le port où je ne manquais jamais d'aller faire un tour, qu'on pouvait être ouvrier sur un… bateau ! Et peut-être même, si je me débrouillais bien, que je pourrais ne pas rester à quai, et embarquer sur des petits cargos, pour naviguer sur la mer du Nord ou sur la mer Baltique ! C'était d'une incroyable simplicité : il suffisait de s'inscrire à l'agence de placement du port pour suivre deux courtes semaines d'initiation, pendant l'été, à l'issue desquelles on me mettrait en contact avec un bateau. Je me suis inscrit.

Trois mois plus tard, au milieu de l'été, bac en poche, je me suis présenté à Hambourg pour la formation. Nous étions une quinzaine, dont la moitié de matelots déjà en exercice, pris en main le matin par un capitaine qui nous enseignait les bases de la sécurité sur un bateau, et l'après-midi par un fabuleux «bosco», maître d'équipage de plus de 80 ans, qui avait passé toute la première partie de sa vie sur d'énormes voiliers, et que j'écoutais avec émerveillement nous expliquer le b.a.-ba de la vie d'un matelot. Pour moi, fréquenter ces deux hommes était déjà une sorte de voyage.

Au début de la deuxième semaine, le capitaine a demandé à chacun d'entre nous d'expliquer son projet. J'ai dit que je voulais travailler sur un petit cargo pour naviguer dans le coin.

– Mais tu as étudié le latin?

– Heu… oui. Au lycée. Mais je ne pense pas que ce soit très important, pour…

– Tu as le bac?

– Oui, mais je veux seulement naviguer pendant un an avant de…

– Tu pourrais commencer une formation, pour devenir officier, plus tard.

– Mais je ne veux pas devenir officier, juste…

– Tu veux naviguer, oui ou non?

– Oui.

– Alors tu as le niveau pour embarquer dans le cadre de cette formation. Ça te permet de ne pas perdre ton temps si tu changes d'avis et que tu veux devenir officier. Et aussi, de trouver un navire au long cours pour partir immédiatement.

Un navire au long cours! Il avait prononcé les mots magiques, je n'ai pas hésité longtemps. Mon stage ouvrier était en train de se transformer en tour du monde maritime! J'ai suivi scrupuleusement ses instructions : trouver l'association des armateurs, qui m'a fourni le nom de trois compagnies habilitées à me recruter dans le cadre de cette formation. Appeler ces compagnies en affirmant que je veux devenir capitaine (– mais capitaine, je ne veux pas devenir capitaine ! – j'ai compris, mais si tu veux embarquer, dis-leur que tu veux devenir capitaine). Choisir celle qui me semblait la plus adaptée à mon projet, et me présenter pour un entretien d'embauche.

Voilà comment je me suis retrouvé, quelques jours plus tard, sous les hauts plafonds des couloirs sombres et interminables du très grand bâtiment de la vénérable compagnie de transports maritimes Hapag-Lloyd, peuplée de vieux messieurs en costume-cravate à l'air très affairé. Trois d'entre eux m'ont reçu dans un impressionnant bureau. Ils m'ont bombardé de questions sur le métier de mon père, mes études et mes notes, mon niveau d'anglais, mes voyages passés... Ils ont eu l'air d'aimer que je sois fils de juriste, bachelier, que je me débrouille un peu en anglais et que je sois déjà allé deux fois à Paris et trois fois en Angleterre. Et aussi, que je veuille devenir capitaine, comme je l'ai affirmé avec le plus d'aplomb possible en espérant qu'ils me croiraient.

– Très bien jeune homme. Appelez demain matin pour connaître notre décision.

Le lendemain, j'avais le trac quand j'ai appelé.

– Oui, nous vous prenons. Nous avons un bateau pour vous. Le *Bavaria*. Départ dans dix jours.

Le soir, quand j'ai téléphoné à mes parents pour leur annoncer que je partais à la fin de la semaine suivante pour un voyage au long cours, ma mère m'a demandé :

– Où pars-tu ?

Je n'ai pas pu lui répondre. J'étais tellement ému et intimidé, que je n'avais pas osé demander ! Je me suis tiré de ce mauvais pas en interrogeant la standardiste, le lendemain, l'air détaché :

– Bonjour madame, je voudrais savoir où part le *Bavaria*, s'il vous plaît ?

– Le *Bavaria* vous dites ? Un instant. Alors le *Bavaria*... Indonésie. La semaine prochaine.

– Très bien, merci madame.

Indonésie ! Quelques semaines plus tôt, je cherchais un stage ouvrier, et là, je partais en Indonésie ! J'étais le roi du monde.

Avant mon départ, mon père est venu me rejoindre à Hambourg : je n'avais pas encore 18 ans, c'était donc à lui de signer mon contrat. Je ne l'ai pas accompagné dans les bureaux de la compagnie, j'étais en cours. Je ne sais pas ce qu'ils se sont racontés, avec les hommes en noir. Mais j'ai bien vu à son attitude, que, s'il ne comprenait pas complètement l'idée bizarre qu'avait son fils aîné de ne pas entrer immédiatement à l'université, il était rassuré – et même peut-être un peu admiratif – de voir que j'étais embauché par un des plus gros armateurs du pays, et que cette année suspendue allait me permettre de découvrir le monde.

J'ai terminé mon initiation, j'ai préparé mon paquetage, et j'ai embarqué comme mousse sur le *Bavaria*. Pour Jakarta.

C'était le début du mois de septembre. Nous avons fait escale à Brême, Amsterdam, Anvers, et puis nous avons filé plein sud vers l'Atlantique : le canal de Suez n'était toujours pas rouvert, depuis la guerre des Six Jours. Pour arriver en Indonésie, il fallait passer l'Équateur, et contourner l'Afrique.

J'ai découvert l'été tropical, les odeurs, les vents atlantiques. L'émerveillement de la pleine mer, qui compensait la vie d'équipage, plutôt rude. «Petit nouveau» dans une équipe de dix mousses qui se connaissaient déjà, j'ai dû faire ma place, dans un univers où les vieux marins sont souvent rugueux avec les jeunes recrues, mais je l'ai accepté. J'ai même apprécié, moi, l'aîné d'une famille nombreuse, d'être enfin parmi les plus jeunes, libéré de mon rôle de «grand» auprès de mes trois frères et de ma petite sœur. Ces relations sans états d'âme, où chacun participe, à sa place, au bon déroulement du voyage, c'était exactement mon désir, quand j'avais choisi d'être ouvrier.

En six mois, j'ai appris à accomplir tous les travaux réservés aux matelots : taper la rouille avec un marteau à piquer avant de repeindre encore et encore, entretenir et réparer tout ce qui se trouve sur le *deck*, métal et bois, préparer les câbles, confectionner les nœuds et les épissures... Et aussi, à jeter l'ancre ! Nous sommes arrivés à Jakarta, pour une escale d'une semaine. Nous avions quartier libre tous les jours, à partir du milieu d'après-midi. J'ai découvert les bars, les gens du port, les filles. Nous avons aussi eu la chance de pouvoir suivre nos officiers dans quelques excursions spectaculaires. Je garde notamment un souvenir émerveillé de la visite de Sunda Kelapa, le vieux port hollandais rempli d'immenses et beaux bateaux de bois que des dockers en tongs chargent encore à dos d'homme, sac après sac, comme il y a deux siècles.

Et puis un jour, j'ai décidé de partir à l'aventure, seul et loin, là où ne vont ni les touristes ni les marins. Un jean, une chemise, des baskets, rien dans les poches et aucun autre projet que de marcher là où mes pas me porteraient. J'avais lu des articles sur l'immense pauvreté de cette immense mégapole, et je voulais voir, aussi, la vraie vie des gens, dans les bidonvilles dont j'avais entendu parler. J'ai marché des heures et des heures au milieu du *slum*, sans que personne ne fasse attention à moi. J'ai été stupéfait de voir tant de monde réuni dans un tel dénuement, inimaginable pour mon cerveau d'Européen. Mais surpris aussi, de découvrir une sorte de ruche où chacun s'affaire – coud, forge, transporte, martèle, fabrique, cuisine – à partir de rien. Où les grands frères s'occupent des plus petits, où les mères élèvent leurs enfants, ou les gamins jouent et rient...

J'avais tout juste 18 ans, et j'étais en train de faire une expérience essentielle pour l'homme que j'allais devenir : je découvrais que partout dans le monde, les humains sont des humains. Comme moi. Même au milieu des ordures, même dans le chaos le plus total, ils s'organisent, ils travaillent, ils s'entraident, ils s'aiment, ils rient, ils s'engueulent. Comme nous.

Java, Célèbes, Sumatra, Ceylan, et puis retour en contournant l'Afrique, sans s'arrêter. Sauf pour un mouillage aux abords du Cap, le temps qu'un petit bateau vienne nous ravitailler en fruits et légumes frais, et nous apporter le précieux courrier, unique contact avec nos familles en ces temps anciens où Internet n'existait pas. Trois mois après mon départ, je suis revenu à Hambourg avec l'impression d'avoir beaucoup grandi, et déjà l'impatience de repartir.

Ça tombait bien : à peine le temps d'embrasser mes grands-parents, et deux jours plus tard, je retrouvais le *Bavaria*, direction l'Indonésie ! Cette fois-ci, nous avons eu la chance de naviguer sous les ordres d'un capitaine formidable, humain, intelligent, sensible et cultivé, dont l'épouse nous a accompagnés tout le voyage ; je me souviens m'être dit que j'aimerais être un médecin à l'image de cet homme-là…

C'est seulement au début du printemps, après ce deuxième voyage, que j'ai pu retrouver mes parents, mes frères et sœur, et mes amis à Heidelberg, où nous habitions depuis que j'avais 10 ans. Quinze jours de repos avant le prochain départ.

J'ai bien senti que j'avais changé. À la maison, j'étais heureux de partager tout ce que j'avais à raconter, et de constater qu'on m'écoutait avec intérêt. Mais quand j'ai retrouvé mes copains, j'ai eu l'impression d'être à des milliers de miles de leurs histoires de profs et d'examens. Le proverbe a raison : les voyages forment la jeunesse, à grande vitesse. J'étais en train de devenir un homme, sans doute un peu plus vite qu'eux. Mais surtout, j'étais devenu un marin. On a bu quelques coups ensemble, et je suis parti à Hambourg pour reprendre la mer. Avec impatience.

3

Clandestins

C'est l'histoire de deux jeunes garçons, je ne sais plus leur nom. Ils sont amis, ils rêvent de partir à New York. Alors ils préparent un paquetage, quittent leur maison en cachette, sans prévenir leurs parents, et se glissent dans un paquebot, en faisant bien attention que personne ne les repère, pour traverser l'Océan jusqu'en Amérique. J'avais emprunté ce livre à la bibliothèque, qui regorgeait des récits d'aventure dont j'étais friand. Il s'appelait *Der blinde Passagier* – les passagers clandestins. J'adorais l'esprit d'aventure de ces deux garçons, leur courage, et leur détermination... Je les admirais, beaucoup, sans pouvoir une seule seconde imaginer leur emboîter le pas : je n'arrivais pas du tout à comprendre comment on peut faire une chose pareille à ses parents…

Les pérégrinations de ces deux jeunes passagers clandestins ont bercé mon enfance, et sans doute nourri mon goût pour l'aventure maritime. Je n'avais pas leur culot, mais j'avais réussi, par des voies tout à fait autorisées, à prendre le large comme eux pour découvrir le monde. Avec une grande facilité, finalement ! Après mon court passage à la maison, j'avais embarqué sur un nouveau cargo, le *Badenstein*. Nous avions fait escale aux îles Canaries et nous nous dirigions vers la Colombie, avant de passer le canal de Panama pour rallier la Nouvelle-Zélande. J'avais retrouvé avec grand plaisir la vie d'équipage et je me sentais de mieux en mieux à bord. Mon statut d'apprenti officier m'avait déjà donné la possibilité de monter en grade : j'étais désormais assistant. À ce titre, j'étais de quart avec le second capitaine de 4 heures à 8 heures du matin, ce qui lui permettait, quand tout était calme, de piquer un petit roupillon en me confiant la garde du bateau et du pilote automatique. Ce jour-là sur la passerelle, il se reposait, donc, sur la chaise d'à côté. Et moi seul maître à bord, à la tête d'un énorme bateau, au milieu de l'Atlantique Nord. J'avais 18 ans. Le roi du monde, je vous dis !

Il devait être entre 5 heures et 5 heures et demie, le soleil venait juste d'apparaître quand je l'ai aperçu, en tournant la tête vers la droite : au milieu du hublot de la porte donnant sur l'extérieur, je suis tombé nez à nez avec un visage hilare, peau très noire et dents très blanches ; le visage d'un homme qui n'appartenait pas à l'équipage. J'ai réveillé mon officier, et j'ai ouvert la porte à l'homme, pour le faire entrer. Ce qui m'a marqué, c'est sa petite taille, et son immense sourire. Il m'a fallu quelques instants pour comprendre qu'en fait, il était mort de trouille : il souriait de peur. Je ne me souviens plus de son nom. C'était un homme très fin, âgé d'une trentaine d'années, qui parlait parfaitement anglais, beaucoup mieux que nous deux. Il nous a expliqué qu'il était érythréen, poussé à fuir les troubles violents opposant son peuple, qui revendiquait son indépendance,

à l'Éthiopie, qui la leur refusait. Il avait vu
« *Hamburg* » marqué sur notre coque, et avait
embarqué clandestinement, à Las Palmas,
avec le projet d'arriver jusqu'en Allemagne
pour demander l'asile politique.

Je n'ai pas eu l'occasion de vraiment nouer
contact avec lui. Je me souviens seulement
l'avoir trouvé sympathique, et très courageux
de prendre un tel risque. C'est assez rare, les
passagers clandestins : je n'en ai rencontré
que deux, durant toute ma carrière. C'est
rare, parce que c'est difficile de monter sur
un bateau sans y être autorisé, mais c'est
surtout très dangereux : à l'époque, j'avais
entendu dire que certains équipages les
maltraitaient jusqu'à les battre à mort et
les jeter par-dessus bord pour ne pas avoir
d'ennuis. Il le savait aussi. C'est pour ça qu'il
souriait avec tant d'ardeur : son sourire était
son seul moyen de nous montrer qu'il n'était
ni méchant ni dangereux…
Nous lui avons expliqué que nous n'allions
pas à Hambourg. Mais à l'escale suivante, le
capitaine s'est arrangé pour le confier à un
autre bateau de la compagnie qui rentrait

en Allemagne, où il a pu demander l'asile. Et moi, quand je suis rentré à la maison, j'ai adhéré à Amnesty International, comme je l'avais prévu avant mon départ, parce qu'il me semblait impossible de parcourir le monde en n'en voyant que les beautés et les merveilles...

4

Choisir

Le premier choix d'adulte que devait faire un jeune Allemand, à cette époque où notre pays était coupé en deux par une frontière douloureuse comme une blessure qui n'en finissait pas de saigner, c'était le service militaire. Deux possibilités s'offraient à nous, les garçons de l'Ouest : accepter ou refuser.

Accepter, c'était prendre le risque, éventuellement, de devoir faire feu sur des « ennemis », qui pourraient faire partie de nos frères de l'Est – eux-mêmes tenus à un service militaire obligatoire et non négociable.

Et pour refuser, il fallait déclarer officiellement qu'on n'était pas capable de « tirer sur quelqu'un », et qu'on préférait se diriger vers un service civil. Ou bien habiter Berlin, traversé par le Mur, ce qui vous exemptait automatiquement de service militaire. Enfin, il était possible de repousser la question en choisissant de faire d'abord des études de médecine, qui permettraient, une fois le diplôme obtenu, d'effectuer un service militaire ou civil : je pourrais donc, éventuellement, être pour un temps médecin militaire. Plus tard…

Mes copains et moi en avons discuté pendant des heures. En pleine guerre froide, dans un contexte national aussi douloureux que le nôtre, ce choix représentait, pour la plupart d'entre nous, une réelle responsabilité à laquelle nous ne voulions pas nous dérober. J'étais tiraillé, et même déchiré : non, je ne souhaitais pas me retrouver dans la situation de tirer sur un être humain, comme cela arrivait régulièrement le long du Mur ou de la frontière entre l'Est et l'Ouest. Mais oui, je pourrais être capable d'utiliser une arme, si la situation l'exigeait. Ce que je voulais, moi, c'était ne jamais me trouver en position ni de provoquer ni de vivre une telle situation.

Sans pour autant refuser ma responsabilité de citoyen.

L'idée d'être militaire le temps de mon service, une fois médecin, me semblait la plus acceptable : quoi qu'il arrive, je ne me battrais pas. Mais je ne me défilerais pas non plus, et je m'engagerais pour mon pays, et pour la paix. C'est donc l'option que j'avais choisie, avant de me retrouver chez Hapag-Lloyd. Un choix que mon petit détour en mer ne remettait pas en cause : les marins étaient automatiquement dispensés de service militaire pour qu'en cas de guerre le pays puisse continuer de s'appuyer sur le trafic maritime.

À la fin de l'été 1975, j'ai quitté Heidelberg pour rejoindre la Bavière : j'étais accepté à la fac de médecine de Regensburg. Après cette formidable année de navigation, le mousse accompli que j'étais devenu brûlait de découvrir ce nouvel équipage que devait être une équipe médicale, d'explorer le grand bâtiment de l'hôpital, et surtout, de me mettre au service des patients.

Je suis tombé de haut. Au fil des mois, j'ai découvert avec étonnement, puis déception, puis ennui et même enfin avec un peu de colère, que ces études ne ressemblaient en rien à ce que j'avais imaginé. Tout était théorique, distancié, glacial. Nos seuls contacts avec les corps – ces corps dont je voulais prendre soin – étaient les séances de dissection sur des cadavres, censées nous apprendre l'anatomie et le fonctionnement mécanique du corps humain. J'avais choisi de sauver des vies, et l'enseignement commençait par la mort! Cette logique me semblait incompréhensible...

Je n'aimais pas non plus le fonctionnement hiérarchique brutal de la médecine : le contraire de la belle humanité, rude mais directe, partagée pendant mon année de navigation. Sur le bateau, nous n'avions pas d'autre choix que d'avancer ensemble, et d'avoir, tous, du sous-aide cuistot au capitaine, la même intensité de contact avec la réalité. J'avais vraiment aimé ça. Dans le milieu médical que je découvrais, rien de ce genre ne se passait : les grands professeurs, responsables des services, étaient inaccessibles et très peu en rapport avec leurs équipes, et avec les patients. Tout juste faisaient-ils une apparition de dix minutes par jour, et encore, les bons jours. Une situation impensable, sur un bateau !

Je me suis accroché. Je rêvais de faire ce métier depuis si longtemps… Un stage de deux mois dans un service hospitalier m'a un peu rasséréné, mais il était déconnecté de l'enseignement qui nous était dispensé par ailleurs. J'ai eu l'impression de m'être complètement trompé : ce n'était pas, du tout, cette vie-là que je voulais. J'ai tenu jusqu'au premier examen, à la fin de la deuxième année. Une fois réussi, j'ai décidé de faire une pause. J'avais besoin de retrouver une existence plus proche de mon cœur et de mes valeurs.

En Allemagne, on est libre de suspendre ses études, le temps de réfléchir. J'ai suspendu, donc. J'ai rappelé Hapag-Lloyd pour savoir si je pouvais repartir, en reprenant mon cursus d'apprentissage là où je l'avais laissé deux ans plus tôt. Pas de problème ! J'ai béni le capitaine et le bosco qui m'avaient poussé, après mon bac, à m'engager dans cette filière. Et j'ai embarqué sur le *Holstenstein*, direction l'Amérique du Sud, deux fois.

J'ai découvert, émerveillé, le difficile et spectaculaire détroit de Magellan, juste avant la pointe du continent, qui permet de passer, en prenant de grandes précautions, de l'Atlantique au Pacifique. Nous avons remonté le long des côtes du Chili, puis du Pérou, de l'Équateur, de la Colombie, avant de retrouver l'Atlantique par le canal de Panama. Et puis, une fois rentré, je me suis offert quatre semaines de tempêtes d'hiver sur la mer du Nord et l'Atlantique, à bord du *Weser Express*, un gros porte-containers. Sept mois de navigation, pour me remettre les idées en place.

Au printemps 1978, j'avais l'esprit un peu plus clair : j'allais continuer ma formation d'officier de marine marchande. Dans une école, cette fois-ci. À Brême. Et, parce que je n'avais pas abandonné l'idée de soigner les gens, je travaillerai parallèlement à l'hôpital comme aide-soignant, pour être enfin au contact des malades.

J'ai tenu quelques mois, mais le rythme était infernal. Tout me passionnait ! Le matin, l'étude des sciences nautiques – la cartographie, les techniques de navigation, le fonctionnement d'un bateau, la législation et l'histoire maritimes – et l'après-midi et les week-ends, le soin des malades à l'hôpital de Brême, exactement comme je l'avais imaginé. J'étais heureux, mais épuisé.

Un matin, à la fin du premier semestre, je me tenais sur le pont du bac qui traverse la rivière Weser en espérant que le vent du Nord bien froid parviendrait à me réveiller un peu. J'ai senti les vagues, j'ai senti le vent, j'ai senti l'odeur du bateau. Je me suis dit que j'aimais vraiment, vraiment ça. Et que si j'étais trop fatigué pour mener de front deux formations, c'était la navigation que je choisissais. Je ne serai pas médecin. Ou pas tout de suite. D'abord, je serai marin.

Voilà comment ma vie a basculé vers l'océan, en dix petites minutes de traversée. Sur une rivière !

5

Vivre en famille

J'ai continué à travailler à l'hôpital, mais de moins en moins souvent, seulement comme un job d'étudiant. Ça me permettait de gagner un peu d'argent, et, surtout, de retrouver Karin, élève infirmière, que j'avais rencontrée au début de l'année.

Karin est née et a grandi à Brême, au bord du fleuve et au milieu des bateaux. Son père, mécanicien automobile, a rêvé toute sa vie d'être marin sans pouvoir y parvenir, et son grand-père maternel était un ancien ouvrier de chantier naval. Sur une de ses photos d'enfance, elle a 4 ans et pose devant un gros cargo, qui pourrait appartenir à Hapag ou à Lloyd, de la génération d'avant ceux sur lesquels j'ai navigué. Nous nous sommes rendu compte il n'y a pas si longtemps

qu'elle a lu, elle aussi, quand elle était petite,
l'histoire des deux amis clandestins qui
partaient à New York. Et que ça l'a fait rêver,
comme moi. Autant mes parents avaient du
mal à admettre qu'une vie dans la marine
marchande pouvait avoir plus d'attrait, à
mes yeux, qu'un destin de médecin, autant
Karin, elle, le comprenait très bien.

Si bien, même, qu'une fois diplômée, après
une mission éprouvante dans un service
de soins intensifs, elle a décidé elle aussi
de prendre la mer : elle avait appris qu'on
pouvait se faire embaucher en tant qu'infirmière sur les paquebots de passagers ! Mais
comme il y avait plusieurs mois d'attente,
elle a accepté d'être finalement employée
comme hôtesse, sur un cargo de la Hapag-
Lloyd – à cette époque, l'équipage compor-
tait toujours au moins quatre personnes de
service, pour l'équipage et pour la dizaine de
passagers qui voyageaient de temps à autre
dans les cabines prévues à cet effet. Nous
avons donc navigué presque en même temps,
en suivant chacun notre trajectoire. Après
trois ans d'école nautique, j'ai obtenu mon
diplôme : depuis avril 1981, j'étais officier

chez Hapag-Lloyd. Karin, elle, est partie un an pour découvrir à son tour l'Indonésie et l'Amérique du Sud, pendant que je naviguais sur d'autres océans.

Pendant son absence, je me suis rendu compte qu'elle me manquait. Après son année de navigation, elle a repris son emploi d'infirmière à Brême, et nous nous retrouvions à chaque vacances, toujours impatients de nous revoir, et des milliers de choses à nous raconter. Et puis, merveille, Karin est tombée enceinte. Nous étions tellement heureux de l'arrivée de notre «petit mousse»! Nous avons décidé de nous marier et de fonder une famille. Mais pas question, pour moi, d'avoir un enfant en étant à l'autre bout du monde : j'ai quitté la compagnie. Je voulais être avant tout un père, et le mari de Karin.

Le 30 avril 1983, à l'hôpital de Göttingen, où nous avions choisi de nous installer, Lena est venue au monde. C'était merveilleux, un immense bonheur, qui a bouleversé notre vie. Rien n'était plus important pour moi que de pouvoir assister à ses premiers sourires, ses premiers mots, ses premiers pas, et de partager avec Karin l'amour de notre enfant et notre nouvelle vie en famille.

Ce grand bouleversement m'a encouragé à m'interroger sur ce qui était vraiment important pour moi. Mon expérience d'officier de marine m'avait stimulé, et passionné, mais je sentais bien que quelque chose me manquait. À chaque voyage, j'embarquais toujours avec moi une dizaine de livres d'histoire, de philo, de littérature, de politique et de sciences, que je me promettais de lire pendant les traversées, sans jamais vraiment y parvenir. Mon ignorance me pesait. J'ai décidé de reprendre mes études, durant un semestre ou deux, en me disant que j'arriverais peut-être à concilier, à long terme, ma vie de marin avec ma vie d'étudiant et ma vie de famille.

Juste après la naissance de Lena, je me suis donc lancé dans des études d'histoire, de philosophie et d'économie à l'université de Göttingen. L'histoire me passionnait. Je voulais comprendre comment deux guerres mondiales avaient fait exploser le vingtième siècle. Comment elles avaient confronté les Européens à l'idée du progrès dans leur civilisation. Comment ces atrocités avaient été rendues possibles. À l'école déjà, je m'interrogeais à propos du national-socialisme dont mes grands-parents avaient été à la fois acteurs, spectateurs et victimes. J'avais lu quelques livres à ce sujet, mais pas assez. Je voulais comprendre comment l'Allemagne était devenue ce qu'elle est, en reprenant les choses depuis leurs origines.

Mes professeurs ont vu que je brûlais, comme eux, de m'attaquer à ces questions. Ils m'ont soutenu. À la fin de mon premier semestre, ils m'ont proposé pour la prestigieuse «bourse d'étude du peuple allemand», qui me permettait de poursuivre mes études en subvenant aux besoins de notre jeune famille. Karin était infirmière à mi-temps et mes parents nous donnaient un coup de main ; j'ai pu me plonger dans ces études et dans notre vie familiale sans avoir besoin de retourner en mer.

Max est né deux ans plus tard, en mai 1985, avant que nous ayons la chance de partir vivre tous les quatre à Paris, pour une année universitaire pendant laquelle j'ai préparé mon doctorat à l'École des hautes études en sciences sociales. À la rentrée 1986, Lena a fait ses débuts à l'école maternelle française, pendant que Karin apprenait les bases du français. J'avais, moi, le bonheur de passer de longues heures dans la vieille Bibliothèque nationale, rue Richelieu, au milieu d'étudiants venus d'un peu partout, et d'extraordinaires personnages qui semblaient être autant imprégnés de littérature que ces lieux prestigieux. Nous avons aussi fait la connaissance d'Hervé, professeur d'histoire-géo qui travaillait sur le journal de voyage de Montaigne, de sa femme Fabienne et de leurs deux enfants. Nous sommes restés amis.

Nous sommes rentrés à Göttingen en mai suivant. Lukas est né en mars 1988, suivi de Pia en février 1992. Pendant toutes ces années et jusqu'à aujourd'hui, nos enfants nous ont comblés de joie, d'amour et de bonheur. Être leur père m'a beaucoup aidé, y compris dans mon travail d'historien : grâce à eux, j'ai appris à maintenir mon cap, à me poser, et à m'interroger en profondeur.

Très vite, mes recherches en histoire m'ont fasciné autant que m'avait fasciné l'océan. Je croyais partir pour quelques semestres, mais cette traversée-là a duré… dix-sept ans !

6

Le poids du silence

Je ne me souviens pas quand j'en ai entendu parler, mais je me souviens très bien du jour où je l'ai acheté : j'avais les mains moites, j'étais gêné, et honteux, peut-être pour la première fois de ma vie. Sur la couverture, un dessin. Un père avec un brassard nazi qui tient un petit enfant dans ses bras, sous le titre *Le poids du silence*. C'est le livre d'un psychologue israélien, Dan Bar-On, fils de Juifs allemands, qui a passé sa vie à analyser les conséquences de l'Holocauste pour les descendants des victimes, et aussi pour les descendants des nazis. Il a mis en contact les uns et les autres, qui ont trouvé de grandes similitudes dans la manière dont ils souffraient ou avaient souffert du poids du silence dans leurs familles.

J'étais embarrassé, parce que je savais que la libraire, que j'ai évité de regarder dans les yeux, allait sûrement penser que ce sujet me concernait directement, et que mon père ou mon grand-père étaient nazis. En Allemagne, nous sommes très nombreux à avoir eu des nazis dans la famille. Mais mon père ne l'était pas, du tout. Mon grand-père paternel non plus. Quant à mon grand-père maternel, c'est plus compliqué. Assez compliqué pour me mettre mal à l'aise, dans cette librairie. C'est la raison pour laquelle je tenais tant à lire ce livre : je voulais en savoir plus sur ce «silence», et son poids. Je l'ai acheté, donc, gêné, et honteux de ma propre gêne…

À cette époque, je finissais ma thèse de doctorat. Je travaillais depuis des années avec passion sur l'histoire de la cosmographie : l'étude des cartes et des récits anciens, pour comprendre la manière dont nos ancêtres européens percevaient le monde à la Renaissance, et comment les découvertes des grands explorateurs ont transformé la vision qu'ils en avaient. J'avais choisi ce sujet de thèse, qui me passionnait, en écho à ma propre expérience de marin. Je travaillais un peu comme un jardinier qui dépense une folle énergie à organiser son jardin, dégoter les plantes les plus extraordinaires, les espèces d'oiseaux les plus rares, sans se préoccuper de ce qui se passe derrière ses murs. L'histoire de la cosmographie est un travail très beau, mais sans connexion directe avec la vie actuelle. Je sentais que je ne pouvais pas en rester là. Je m'étais engagé dans ces études d'histoire pour m'approcher d'autre chose que des cartes anciennes. Autre chose sur laquelle j'avais même du mal à mettre un nom : l'histoire du vingtième siècle, de sa violence ; l'histoire du Troisième Reich, du nazisme, de l'Holocauste, de la Shoah…

C'est mon incapacité à mettre un mot sur «ça» qui m'a immédiatement attiré vers le livre de Dan Bar-On, quand j'en ai lu le titre : le poids du silence, c'est «ça». Plus j'étudiais l'histoire, plus je le sentais peser sur mes épaules. Comme sur celles de mes frères et sœur, de mes parents et de mes proches. Il pesait sur nos contemporains en Allemagne et en Europe, sans que personne ne semble le percevoir ainsi.

La famille de mon père était communiste, et celle de ma mère, nazie. Hugo Vogel, mon grand-père paternel, ouvrier typographe, travaillait pour le journal «rouge» de Hambourg. Il a rencontré ma grand-mère, Rosi, aux jeunesses communistes, avant de quitter le parti au début des années trente, lorsque les agissements de Staline leur sont devenus insupportables; ils sont devenus, tous les deux, sociaux-démocrates. Mon père, fils unique, né en 1930 a grandi dans ce contexte. Durant toute la période nazie, Hugo et Rosi ont gardé contact avec leurs amis communistes, et les ont aidés. Mon père racontait comment mon grand-père écoutait la BBC en plein Troisième Reich, au risque de les faire massacrer tous les trois. Je sais aussi qu'une partie de la famille de Rosi était juive, et qu'il a fallu la protéger, pendant les années terribles. Je n'ai pas connu ces gens, mais ma grand-mère est restée en relation avec eux, après la guerre, quand ils ont immigré au Danemark et en Israël.

Pendant toute la guerre, Hugo a travaillé en usine. À l'arrivée des Alliés, il a participé à la réorganisation du pays, et pris des responsabilités syndicales, avant de finir sa carrière comme directeur, à Hambourg, d'une antenne de l'agence nationale pour l'emploi.

Mon grand-père maternel, Erich von Lehe, fils d'une sorte de notable paysan de bord de mer, dans la région côtière entre Brême et Hambourg, était un historien érudit – il lisait et écrivait couramment le latin – et un officier d'infanterie de marine. Après la Première Guerre mondiale, il a étudié l'histoire et écrit une thèse de doctorat sur le Moyen Âge, avant d'occuper un poste aux archives de Hambourg. Il a adhéré au parti nazi dans les années 1930 et s'est engagé dans la SA, une organisation paramilitaire qui a participé activement à l'accession au pouvoir d'Adolf Hitler. Il a soutenu la politique hitlérienne de réarmement, avant de devenir officier pendant toute la guerre, et jusqu'en 1945. Jusqu'à quand a-t-il suivi Hitler ? Je l'ignore. Je sais seulement qu'il a combattu les « partisans » dans les Balkans, sur le front de l'Est, et qu'il est resté loyal à ses supérieurs jusqu'à la fin.

De sa guerre à lui, dans laquelle je n'ai pas trop voulu fouiller, me restent deux éléments tangibles.

D'abord j'ai découvert un jour, après sa mort, dans la cave familiale, les très anciennes archives de la création de la ville française de Bapaume, près d'Arras, qui fut une zone d'intenses combats au printemps 1940, avant d'être occupée jusqu'en août 1944. J'ignore dans quelles circonstances exactes mon grand-père les a récupérées, mais je suppose que l'historien qu'il était a voulu mettre à l'abri de la guerre ces documents, qui n'ont aucune valeur marchande mais une très grande valeur historique. Comme il ne l'avait pas fait lui-même, j'ai fait en sorte qu'ils soient restitués à Bapaume.

L'autre chose que je sais de mon grand-père Erich, nettement plus délicate à mes yeux, c'est qu'il était l'ami de Léon Degrelle, le chef belge des SS de Wallonie, sinistre individu jamais repenti, et négationniste jusqu'à sa mort en 1994. Je sais que, pendant la guerre, Erich était l'officier de contact entre les SS wallons et Berlin, et qu'à ce titre, il a reçu Degrelle dans sa famille à plusieurs reprises. Après la guerre, Degrelle a essayé de reprendre contact mais mon grand-père a fermement refusé : il ne voulait plus avoir aucun lien, de quelque nature que ce soit, avec le national-socialisme.

Après la défaite de l'Allemagne et la fin de la guerre, on a très peu parlé de nazisme chez les von Lehe. Les engagements de certains membres de la famille étaient tabous. Après la guerre, il est même arrivé qu'une simple allusion de quelqu'un d'extérieur à la famille soit considérée comme une trahison ou une diffamation. Inconsolable d'avoir découvert, après coup, les horreurs du régime nazi, ma grand-mère Sigrid, la femme d'Erich, a sombré dans une sévère dépression. Enfant, ma mère se souvient de l'avoir entendue parler de «*unsere grosse Schuld*» – notre grande responsabilité –, et dire qu'il fallait «regarder ce qui s'est passé avec les yeux grands ouverts».

Sigrid avait été une supportrice enthousiaste

de Hitler, mais, après la guerre, elle était une des rares de la famille, dans cette génération, à parler ouvertement des crimes nazis. Courage d'autant plus remarquable que son propre frère, mon grand-oncle, le docteur Otmar von Verschuer, avait dirigé à Berlin à partir d'octobre 1942 le Kaiser-Wilhelm-Institut für Anthropologie, menschliche Erblehre und Eugenik, un important institut de recherches médicales sur l'eugénisme[1].

Ma grand-mère Sigrid est morte prématurément lors d'une hospitalisation, en 1952, à la suite d'une erreur de transfusion sanguine. Six mois plus tard, c'est Erika, sa sœur aînée, qui l'a remplacée au bras de mon grand-père. Cette « Tante Ea », que j'ai bien connue, puisqu'elle était ma grand-mère de fait, avait été une nazie engagée elle aussi. Un jour que je lui expliquais ne pas comprendre la virulence de cette époque envers les Juifs, elle m'a répondu, comme une évidence :

– Mais tu DOIS comprendre ! Il fallait

---

1. On trouve des précisions sur ce grand-oncle dans *The Nazi Symbiosis: Human Genetics and Politics During the Third Reich*, (University of Chicago Press, 2010) de Sheila F. Weiss, professeur d'histoire à l'université de Clarkson aux États-Unis.

combattre le bolchevisme, et le bolchevisme, c'étaient les Juifs.

Après la guerre, dans leur ville et leur pays détruits, mes grands-parents maternels ont été, comme la plupart des citoyens allemands, dévastés moralement par la défaite, et la disparition presque instantanée des valeurs et des dirigeants nazis auxquels ils s'étaient fiés, avec ferveur, pendant douze ans. C'est en protestants traditionnels, pratiquants et convaincus qu'ils ont trouvé de nouvelles valeurs morales, sans faire clairement leur *mea culpa*. La solution pour eux, et pour beaucoup d'autres, était de ne pas trop revenir sur le passé, et de se concentrer sur l'avenir, en s'appuyant sur la citation, bien pratique, de l'Évangile selon saint Luc : « *Quiconque met la main à la charrue et regarde en arrière n'est pas propre au royaume de Dieu.* »

Mes parents se sont rencontrés chez des amis, à Hambourg, en janvier 1954, à l'occasion d'un bal masqué. Lui, fils d'ouvrier communiste, assistant en droit et elle, fille de la bonne bourgeoisie chrétienne pratiquante, artiste dans l'âme, éprise de piano et de peinture. Il était intellectuel, moderne, engagé ; elle était littéraire, charmante, magnifique. Ils se sont plu immédiatement, se sont mariés très vite et se sont aimés toute leur vie. Mon père est devenu un juriste et un professeur reconnu, spécialiste du droit d'État et des taxations internationales. Il a accompagné et soutenu plusieurs élèves brillants et s'est toujours battu pour l'État de droit. Au moment de la réunification des deux Allemagne, il a œuvré pour une compensation juste entre les deux États.

Ma mère a donné des leçons de piano et s'est essayée à la peinture avec talent, avant de se consacrer à l'éducation de ses cinq enfants, et à l'animation incessante de notre grande maison ouverte, point de ralliement pour toutes sortes d'amis passionnants. L'odeur de la peinture et le son du piano du salon font partie de mes tout premiers souvenirs. Quand nous avons grandi et quitté la maison, ma mère s'est inscrite à l'université : elle a enfin pris du temps pour se consacrer à l'étude de la littérature américaine qu'elle aimait tant.

Mes parents étaient un couple d'intellectuels «modernes», tournés vers le progrès, et l'avenir. Ils ont construit un foyer bourgeois chaleureux où mes trois frères, ma sœur et moi avons grandi dans l'amour et la douceur. Sans doute par amour pour elle, le fils de mécréant communiste qu'était mon père s'est initié à la religion de ma mère. Il a trouvé la foi, et s'est fait baptiser en même temps que moi, lorsque je suis né. Un pasteur, Hermann, est devenu un de ses plus proches amis, et le parrain d'un de mes frères.

Voilà. C'est dans cette famille-là, dans ce pays-là, et aussi dans ce silence-là que j'ai grandi. Un silence ni complet ni hermétique, mais fragmentaire et partiel. J'avais l'impression que je pouvais tout demander, ou presque, à mon père, mais je ne l'ai pas toujours fait. Et c'est beaucoup plus tard que j'ai réalisé qu'il ne m'a jamais parlé de ses propres sentiments, ni de sa peur pendant les bombardements de Hambourg, ni de son dépaysement dans sa propre patrie coupée en deux, ni de la délicatesse avec laquelle il a pris soin de ne pas blesser ma mère à propos de son héritage familial. Même si elle faisait preuve d'ouverture, il y avait « des choses » dans le passé de sa famille, dont on ne parlait pas, ou seulement par bribes, de manière à ce que personne – pas plus les enfants que les adultes – ne puisse avoir une vision complète et cohérente de la réalité. C'était le cas dans notre famille comme c'était le cas dans notre pays : le nazisme et la guerre avaient laissé des empreintes profondes dont on préférait se tenir loin, sans mesurer l'impact que cela pouvait avoir sur nos jeunes existences.

Cette guerre qu'on ne me racontait pas, je la pressentais pourtant, depuis toujours. Je pense qu'un de mes tout premiers souvenirs c'est l'immense statue de Roland, au milieu de la belle place du marché de Brême. Je devais avoir deux ou trois ans. Rien à voir avec le vingtième siècle, mais c'est sans doute ma première « rencontre » avec un guerrier ; sa monstrueuse épée me fascinait autant qu'elle me terrifiait.

Juste à côté de cette image, dans ma mémoire, celle tout aussi impressionnante des deux cloches de l'église Sainte-Marie de

Lübeck, visitée dans mon enfance à je ne sais plus quelle occasion. Lors d'un bombardement, en 1942, elles sont tombées du clocher et sont venues s'écraser et se briser à l'intérieur de l'église. L'incendie qui a suivi les a partiellement fondues. Au moment de la reconstruction on a choisi de les laisser là, enfoncées dans le sol, comme un mémorial. Ces images de pouvoir et de destruction se sont ancrées dans le cerveau du petit garçon que j'étais, et à 60 ans passés, elles sont encore très présentes dans mon esprit.

Je me souviens aussi, dans les rues de Hambourg, avoir croisé des hommes sans jambes dont on m'expliquait qu'ils les avaient « perdues à la guerre ». Et avoir détecté, sur le visage de certaines personnes de ma famille que j'aimais, des expressions étranges, des émotions, que je ne parvenais pas à déchiffrer. Quand il arrivait à ma mère de dire « les Juifs », je percevais furtivement qu'il émanait d'elle quelque chose – une défense, une honte ou une incertitude – que je ne reconnaissais pas et que je ne comprenais pas.

J'ai aussi gardé un souvenir très particulier d'un petit séjour que j'avais fait avec mes parents en 1965 : nous étions allés passer quelques jours à Prague. J'avais 9 ans, et un peu de mal à comprendre l'atmosphère étrange qui régnait dans la ville. Une sorte de tension, d'inquiétude ; la sensation d'être surveillés, à l'hôtel comme dans la rue. En écoutant les explications de mes parents, j'ai compris que la vie « à l'Est », où nous n'avions jamais mis les pieds, devait sûrement ressembler à ça. De ce séjour, il me reste aussi l'image du cimetière juif de Prague, dans lequel les pierres tombales sont entassées les unes sur les autres, enfermées dans cet enclos trop petit comme les Juifs de Prague étaient enfermés dans le ghetto. Et d'une extraordinaire maison, pas loin de la « Ruelle d'or », dans le quartier du Hradschin, remplie de jouets et de jeux : un centre de loisir ultra-moderne dont l'entrée était... interdite aux adultes. Le rêve !

Nous étions les enfants des années soixante, et du miracle économique. J'ai grandi dans cette enfance d'après-guerre, où le pays – au moins la moitié ouest dans laquelle j'habitais – était extérieurement tendu vers «autre chose», l'avenir, le progrès, mais intérieurement toujours lié aux années noires de la guerre.

Et puis, en pleine adolescence, dans un petit cinéma de quartier que je fréquentais tout seul, j'ai découvert les premières images d'Auschwitz. Elles m'ont dévasté, bien plus que je ne l'ai réalisé à l'époque. C'est plus tard que je me suis demandé, souvent – sans doute comme beaucoup de jeunes Allemands de mon âge – quelle part avaient pu prendre mes grands-parents dans cette abomination. Il m'a fallu de nombreuses années avant de pouvoir affronter cette question, qui m'effraie encore aujourd'hui. Et j'ai réalisé que pour vraiment comprendre ce qui s'est passé dans ma propre famille, il aurait fallu que je retrouve les moments les plus importants de la vie de chacun, vague après vague, ce qui est assez compliqué désormais. J'ai donc préféré chercher quel poids cette histoire, mon histoire, a eu dans la construction de l'homme que je suis. Et aussi dans celle de mon pays, et de l'Europe actuelle. En pressentant que ce poids, plus de soixante-dix ans après la fin de la guerre, pèse encore bien lourd aujourd'hui.

Un jour, lors d'une escale à Cotonou, j'ai discuté avec un groupe de dockers africains qui travaillaient sur le bateau. Plusieurs d'entre eux portaient de très gros tatouages ethniques sur le visage. J'ai fini par oser demander pourquoi certains étaient tatoués, et d'autres pas. Les hommes tatoués ont détourné le regard, honteux, pendant que les autres m'expliquaient que certaines familles persistent à marquer leurs enfants, alors que d'autres se sont affranchies de cette tradition.

J'ai pensé que parfois, je me sens tatoué moi aussi. Nos tabous à nous ne se voient pas, mais aussi longtemps que nous les garderons sous silence, ils se transmettront. Cette histoire qui ne m'appartient pas, j'en ai tout de même hérité. Je n'en suis pas responsable, mais je suis responsable, nous sommes responsables, de ce que nous allons transmettre, nous, à nos enfants et aux générations qui nous succéderont.

7

Fuir

L e 6 novembre 1854, jour de gros temps, la *Johanne*, un bateau à voiles en bois tout neuf d'à peine trente mètres, s'abîme en mer aux abords de l'île allemande de Spiekeroog, au large de Bremerhaven, le port de Brême. À son bord s'entassent plus de deux cents passagers européens, la plupart allemands et polonais, en partance pour une vie meilleure en Amérique. Démunis de tout équipement adéquat, les habitants de l'île regardent les naufragés se noyer sans avoir d'autres moyens pour leur porter secours que d'attendre la marée basse. Quand la mer se calme enfin, soixante-dix-sept personnes, dont trente-quatre femmes et vingt-cinq enfants, ont perdu la vie... Personne ne s'en souvient, sauf quelques historiens, et quelques marins : c'est à la suite de cette première catastrophe, suivie de quelques autres naufrages de bateaux remplis de migrants dans les eaux parfois si périlleuses de la mer du Nord et de la mer Baltique qu'a été fondée, en 1865, la DGzRS, association allemande de sauvetage en mer.

Mais la *Johanne* n'est qu'un numéro d'une longue série : pour les Européens, dès que des voies y ont été ouvertes par les premiers navigateurs, à partir du quinzième siècle, l'océan a cessé d'être une *mare incognitum,* et parfois même interdite, pour devenir un espace à explorer, à découvrir, à conquérir et à traverser.

C'était dangereux, pourtant. Cela n'a pas empêché les explorateurs et les *conquistadores*, Christophe Colomb, Vasco de Gama, Amerigo Vespucci, et juste après, Fernand de Magellan, Jacques Cartier, Samuel de Champlain, de risquer leur vie et de jeter leurs équipages dans l'aventure, à bord d'improbables vaisseaux de bois, à l'aide d'instruments de navigation approximatifs, en se fiant à des cartes qu'ils avaient parfois imaginées eux-mêmes. Si les chefs avaient le choix de prendre un risque aussi fou, les pauvres bougres qu'ils entraînaient dans leurs explorations hasardeuses étaient, eux, le plus souvent contraints de s'exécuter. C'est ainsi que l'Occident a essaimé vers le Nouveau Monde : de gré ou de force, mais plus souvent de force que de gré, et plus souvent les pauvres que les riches.

Il y a ceux qu'on a obligés, *manu militari*, à migrer. Les forçats, les filles de mauvaise vie, les indésirables, les enfants perdus, envoyés à l'autre bout du monde pour peupler les colonies. Et puis il y a la longue cohorte de tous ceux qui ont été obligés de quitter leur pays, parce qu'on y crevait de faim, de misère ou de désespoir ; parce qu'on n'y tolérait plus leur appartenance à telle ou telle ethnie, leur religion, leur culture ; parce que la guerre leur avait volé leur maison, leurs biens, leurs terres, leur avenir...

Il suffit d'écouter, au Québec et aux États-Unis, le compte rendu ému des recherches généalogiques des descendants des «Premiers arrivants». Ou de lire, dans les livres d'histoire et dans les archives, les récits tragiques des bateaux cercueils dans lesquels des milliers d'Irlandais ont fui leur pays, ravagé par la famine provoquée par la maladie de la pomme de terre dans les années 1844-1846. De se remémorer le naufrage du *Titanic* en 1912 ou de revoir, sur Youtube, le bouleversant *Immigrant* tourné par Charlie Chaplin en 1917. D'aller faire un tour au Ellis Island Immigration Museum, aux pieds de la statue de la Liberté de New York, ou au Deutsches Auswanderermuseum de Bremerhaven, où l'on croise les destins des sept millions d'Européens – sept millions, en seulement un siècle! – qui sont partis de ce port pour aller chercher refuge en Amérique ou en Australie.

Pas besoin d'avoir fait de longues études d'histoire pour le savoir : pendant les deux siècles derniers, c'étaient nous, les Européens, qui prenions la fuite, en émigrant par millions…

Il y a cent cinquante ans, c'étaient nous, en pleine mer, dans les petits bateaux.

Et parmi nous, à toute époque, une

constante : le peuple juif, contraint de fuir, encore et encore… Au milieu des autres livres qui ont marqué mon existence, il y en a un que le monde entier connaît, alors même qu'il aurait dû être englouti à jamais dans le silence. C'est ma mère qui me l'a offert quand j'avais 14 ans, pendant des vacances dans le sud de la Hollande : *Le journal d'Anne Frank.* Je l'ai lu avec passion et émotion, en scrutant les quelques photos imprimées dans le cahier central pour y retrouver l'univers et la beauté, la sensibilité d'Anne. J'avais le même âge qu'elle au moment où elle écrivait son journal, et je crois bien que je suis tombé sous son charme. Son souvenir ne m'a jamais tout à fait quitté. Et c'est en pensant à elle que je me suis intéressé, quelques années plus tard, pendant mes recherches en histoire, à l'hallucinante et tragique épopée du capitaine Schröder et de son bateau.

Gustav Schröder était un capitaine aguerri, employé par la compagnie Hapag, qui n'avait pas encore fusionné avec la maison Lloyd. Il était en charge du *Saint-Louis*, un paquebot de croisière de bon standing basé à Hambourg, d'une capacité d'environ neuf cents places dont quatre cents en première classe, qui traversait régulièrement l'Atlantique. Dès le milieu des années trente, ces paquebots transatlantiques ont transporté, parmi leurs passagers, un nombre grandissant de Juifs d'Allemagne et d'Europe centrale, contraints de fuir les persécutions, spoliations et agressions antisémites infligées avec de plus en plus de violence et d'impunité par les groupuscules nationalistes. L'épouvantable Nuit de Cristal, entre le 9 et le 10 novembre 1938, a accéléré ce mouvement d'émigration forcée. Neuf cent trente-sept passagers, tous juifs à l'exception de six Espagnols et de deux Cubains, ont acheté leur aller simple sur le *Saint-Louis*, qui appareillait le 13 mai 1939 pour La Havane.

Après une traversée sans histoire, au cours de laquelle le capitaine a veillé à ce que ses passagers soient traités avec le plus grand respect, malgré l'immense portrait du Führer accroché dans la salle à manger, le navire arrive à La Havane. Mais le gouvernement cubain ne permet qu'à vingt-deux passagers juifs de débarquer. Après plusieurs jours de négociations, vaines, et malgré les protestations de la presse internationale, le *Saint-Louis* est sommé de quitter les eaux territoriales cubaines. Le capitaine Schröder décide de faire route vers Miami, en encourageant ses passagers à s'organiser pour faire pression sur le gouvernement américain : lorsqu'ils arrivent le long des côtes de la Floride, ils envoient un câble au Président Roosevelt pour lui demander asile. Sans réponse. Malgré les supplications des passagers et du capitaine, les autorités américaines refusent de prendre le risque de se mettre à dos les électeurs : ruinés par la Grande Dépression, la plupart des citoyens américains approuvent les restrictions d'immigration drastiques, dont on les a convaincus qu'elles préserveront leurs propres emplois. Les migrants, qu'ils avaient été eux-mêmes si peu de temps auparavant, ne sont plus les bienvenus. Y compris les Juifs européens, enfants ou adultes, qui se pressent à la frontière pour échapper à la violence de leurs persécuteurs.

Une fois encore, les négociations sont vaines. Après plusieurs jours de tentatives infructueuses, le capitaine Schröder se voit contraint de prendre la pire des décisions : faire demi-tour, et ramener ses passagers en Europe. En contact avec plusieurs organismes juifs, il réussit néanmoins à obtenir de ne pas accoster en Allemagne. Il dépose sa précieuse cargaison à Anvers avant de rentrer à Hambourg, avec la garantie qu'un premier groupe sera accueilli en Grande-Bretagne, un second au Pays-Bas, un troisième en Belgique, et le dernier en France.

D'après les informations de l'Holocaust Memorial Museum de Washington, deux cent soixante-dix-huit de ces passagers, revenus en Europe au pire moment, ont été tués dans les camps d'extermination nazis. Parmi eux, quatre-vingt-quatre de ceux qui avaient été acceptés aux Pays-Bas. Peut-être Anne Frank a-t-elle croisé l'un ou l'autre, en route vers Bergen-Belsen ? Quant au capitaine Gustav Schröder, il est mort en 1959 à Hambourg à 74 ans, après avoir été décoré de l'ordre du mérite de la RFA. Le 11 mars

1993, Israël lui a décerné le titre posthume de Juste parmi les nations, pour l'engagement et l'humanité avec lesquels il a tenté de sauver ses passagers.

Par chance, dans ma vie, je n'ai jamais eu à fuir. Sauf une fois, une petite fuite de rien du tout, l'été de mon bac, en 1974. Avant de suivre ma formation de mousse et d'embarquer sur mon premier cargo, un de mes copains et moi nous étions offert une carte *Interrail*, qui permettait de voyager pour pas cher sur tout le réseau ferré européen. France, Italie, et pour finir, la Grèce, où nous avions choisi d'arriver par la mer. À peine avions-nous accosté que nous nous sommes retrouvés dans une situation extrêmement tendue, que nous avions du mal à comprendre : il était question de guerre imminente avec la Turquie. Dans les ambassades d'Athènes, les consignes étaient formelles : il fallait partir, le plus vite possible. Nous nous sommes donc retrouvés dans un train spécial, rempli de touristes de toutes nationalités, affolés, qui avaient reçu la consigne de quitter le pays.

Nous étions peut-être un millier, entassés dans chaque espace utilisable des wagons, au milieu des bagages, des enfants qui pleurent, des parents qui s'énervent. Pour la première fois de ma vie, j'ai fait l'expérience d'être en présence d'un groupe humain en situation de crise. Je n'avais pas peur ; je vivais une aventure, avec curiosité et intérêt. Notre convoi s'est mis en branle, sans que nous sachions exactement ce qui se passait dans le pays…

Au milieu de la nuit, le train a freiné violemment avant de s'arrêter, en pleine voie, toutes lumières éteintes. Dans le silence d'après les crissements des freins, nous avons entendu ce qui ressemblait beaucoup à des bruits de char, bientôt suivis par le gémissement d'avions de chasse, passant à grande vitesse au-dessus de nos têtes. Alors que je m'empressais d'ouvrir une fenêtre pour essayer de voir et de comprendre ce qui se passait dehors, j'ai vu mon copain se recroqueviller dans un coin du compartiment, tétanisé, en me suppliant de ne pas bouger. J'avoue qu'à cet instant, je n'ai pas compris sa peur.

Finalement, rien n'est arrivé : au bout d'un moment, le train est reparti. Nous sommes sortis du pays, et rentrés chez nous, sans voir la Grèce, occupée à mettre fin à sept ans de dictature. Quand j'ai relaté l'incident à mon père, et mon réflexe d'ouvrir la fenêtre pour regarder au lieu de me mettre à l'abri, il a ri en disant :

— Tu es comme ton grand-père !

Et il m'a raconté que pendant la guerre, à Hambourg, ils se protégeaient des attaques aériennes en se réfugiant dans la cabane du jardin potager qu'ils cultivaient dans les faubourgs de la ville. Hugo, au lieu de se cloîtrer à l'intérieur, montait sur le toit pour observer et commenter les bombardements.

À la suite de ces vacances, j'ai perdu mon copain de vue. Je crois que je lui en voulais de sa réaction. Il m'a fallu longtemps pour comprendre que nous ne sommes pas égaux devant la peur. Et que ma chance à moi est d'avoir le réflexe, pour ne pas la laisser gagner, de me lancer dans l'action. Comme mon grand-père Hugo...

Mon autre expérience de la fuite, même si elle n'est pas directement personnelle, est tout de même, elle aussi, constitutive de ce que je suis. Je suis né à Hambourg, en 1956. À l'Ouest du «rideau de fer» tracé en 1947 de Lübeck à la Tchécoslovaquie, pour séparer mon pays en deux parties ennemies. J'avais 5 ans quand cette séparation s'est matérialisée par une frontière meurtrière entre Est et Ouest, et la construction du mur de Berlin. Je me souviens, à 12 ans, de m'être étonné de ne pas voir figurer cette nouvelle frontière sur la carte d'Allemagne de mon cahier de texte. Seule une petite ligne en pointillé, presque invisible, concrétisait une réalité que notre gouvernement refusait d'admettre. Ce refus d'admettre la réalité m'a mis en colère et j'ai tracé à gros trait de couleur la frontière réelle. Ce fut mon premier «acte politique».

Je me souviens, aussi, d'avoir lu dans la presse, entendu à la radio, vu à la télévision, les récits dramatiques des évasions de l'Est vers l'Ouest. Les *check points*, les barbelés, les miradors, les champs de mines, les chiens, les fusillades. Les gens qui courent pour ne pas se faire attraper. Ceux qui s'accrochent aux barbelés. Ceux qui se jettent du haut du Mur. Ceux qui se noient dans la rivière ou dans la mer Baltique.

Entre 1950 et 1988, près de quatre millions de mes concitoyens ont fui, légalement ou illégalement, de l'Est vers l'Ouest. Plus de soixante-quinze mille personnes ont été arrêtées pour avoir tenté de franchir la frontière, ou aidé quelqu'un à le faire. Et aujourd'hui encore, plus de vingt-cinq ans après la Réunification, on ne sait toujours pas combien d'Allemands sont morts en essayant de s'enfuir : les chiffres varient, entre cinq cents et plus de mille.

Depuis 2013, nous habitons en banlieue de Berlin, tout près de l'ancien tracé du Mur. Vers chez nous, il est désormais transformé en une petite route étroite qui longe la rivière à travers la forêt, en direction de Potsdam. Au bord de la route, au milieu des arbres, un mémorial rappelle qu'ici, un jeune homme s'est noyé le 3 septembre 1986 en essayant de passer à l'Ouest. Il s'appelle Rainer Liebeke. Il rêvait d'équipées sauvages à moto, et de liberté. Il est mort quelques jours avant de fêter ses 35 ans. Sur la photo de la plaque commémorative, il ressemble à John Lennon.

Et puis il y a la guerre. Au moment où je commence ce livre, en décembre 2016, la ville d'Alep est en train de mourir. La télévision montre les images atroces de civils pris au piège au milieu des ruines. Nous connaissons tous ces images. Nous les avons déjà vues, cent fois. De Verdun à Stalingrad, en passant par Guernica, Londres, Varsovie, Caen, Gênes, Leningrad, Cologne, Dresde... Hiroshima et Nagasaki. Et puis Saigon, Beyrouth, Grozny, Sarajevo. Et maintenant Homs, Alep. Peu importe qui bombarde qui, qui veut détruire qui et au nom de quoi. Au bout du compte, ce sont les mêmes images de villes méconnaissables. Les mêmes déluges de feu, le même désir de destruction totale. Les mêmes enfants en pleurs, couverts de sang et de poussière. L'exode. Les gens qui fuient sans savoir où se réfugier, et dont on se demande comment ils ont fait pour survivre, et où ils vont bien pouvoir aller, désormais.

En juillet 1943, Hambourg, où vivaient mes parents qui étaient encore des enfants, a été bombardé. Un bombardement si terrible que les parents de Karin, qui habitaient Brême, à plus de cent kilomètres de là, se souviennent d'avoir vu brûler la ville, dans la nuit. Quarante-cinq mille morts, un million de sans-abri. Mon père avait 12 ans. Hugo et Rosi l'avaient mis à l'abri en périphérie dans un centre réservé aux enfants. Quand les bombes ont cessé, ils sont allés le chercher, pour rentrer chez eux. Ils ont eu du mal à retrouver la rue, et à reconnaître ce qu'il restait de la façade de leur immeuble. Tout était détruit. Mon père a quand même reconnu son vélo, dont la couleur avait été dévorée par le feu.

Hugo a bricolé la cabane du jardin potager, où ils ont trouvé refuge plusieurs semaines durant, le temps d'être relogés.

Mais un jour que nous roulions ensemble vers chez nous, un demi-siècle plus tard, mon père m'a avoué que depuis ce jour-là, chaque fois qu'il s'apprêtait à rentrer chez lui, il se demandait si la maison n'aurait pas disparu.

Il y a soixante-dix ans, sous les ruines, c'était nous.

Après la mort de mon père, j'ai trouvé dans ses affaires une photo de Hambourg, prise ce mois de juillet 1943. On dirait Alep, Beyrouth, Sarajevo. Des immeubles en ruines, et sur chaque porte ou pan de mur, une inscription à la craie : *3 morts. 8 morts. 5 morts.* Sur la façade de l'immeuble où ils habitaient, il est écrit *ALLE LEBEN*.

Tous sont vivants.

8

Bruder
(frère)

Pendant mes années de recherche, j'ai eu un professeur formidable, que j'ai fini par considérer un peu comme mon deuxième père. Il s'appelait Rudolf Vierhaus. Il dirigeait l'Institut d'histoire Max Planck de Göttingen lorsque j'étais un chercheur débutant, et c'est lui qui a supervisé ma thèse. Jeune officier grièvement blessé pendant la guerre, il a été emprisonné par les Anglais dans un camp dans lequel il a failli mourir de faim, et où il a vu, disait-il, certains de ses compagnons d'infortune devenir « le pire qu'on puisse imaginer ». Après la guerre, il a étudié l'histoire, est devenu chercheur et professeur et a passé le reste de sa vie à analyser l'histoire européenne moderne, du seizième au vingtième siècle, pour mettre en évidence ses processus d'évolution. Lui aussi, voulait comprendre. J'ai adoré, et admiré son ouverture d'esprit, les grandes précautions avec lesquelles il veillait à ce que son regard ne soit ni trop rigide, ni trop simpliste, ni trop structurel, et son attention à ne pas oublier la complexité morale et humaine de chacun d'entre nous, et de notre société.

Deux des mots-clés de son travail étaient *Denkhorizonte* et *Handlungsspielräume*[1]. C'est une des merveilles de notre langue allemande : on peut construire un mot en emboîtant plusieurs idées. *Denkhorizonte* est composé de *Denk*, les pensées, et *Horizonte*, les horizons, qui donne la notion d'*horizons de pensées.* Quant à *Handlungsspielräume,* c'est l'assemblage de *Handlung*, l'action, *Spiel*, le jeu, et *Räume*, les espaces. Aucun mot français ne peut contenir tout cela, mais on pourrait le traduire par *champs d'action* en acceptant – avec regret – d'abandonner l'idée

---

1. Avec quelques-uns de ses étudiants, nous avons offert au professeur Vierhaus à l'occasion de ses 70 ans le livre *Denkhorizonte und Handlungsspielräume*, Göttingen : Wallstein Verlag 1992, auquel j'ai participé avec un article sur Thomas Morus et son *Utopia* de 1516.

de «marge de manœuvre» qui est pourtant assez importante.

Selon Rudolf Vierhaus, même si on peut considérer que nos sociétés sont tributaires d'un système d'évolution plutôt lent et peu ajustable, il a toujours existé, autour de ce qui semble être des lois immuables, des *champs d'action* dont les individus et les groupes d'individus peuvent s'emparer pour changer d'*horizons de pensées*, et ainsi provoquer ou accélérer l'évolution.

L'histoire de l'île de Spiekeroog en est un bon exemple. Aux quinzième et seizième siècles, non seulement les habitants de l'île ne secouraient pas les naufragés, mais ils provoquaient eux-mêmes des naufrages – par exemple, en allumant des feux induisant les navigateurs en erreur – pour pouvoir dépouiller les embarcations et les voyageurs, comme des pirates de haute mer. Il a fallu du temps pour que la loi et la morale répriment ce genre d'agissements avec suffisamment de fermeté pour les rendre de plus en plus rares, et finalement les faire disparaître.

Trois siècles plus tard, au moment de la

catastrophe de la *Johanne*, non seulement ce ne sont pas les habitants de l'île qui ont provoqué le naufrage, mais en plus ils ne songent ni à s'en réjouir ni à en profiter. Et parce qu'ils ont changé leur horizon de pensée, ils vont même, au lieu de subir le fait qu'ils ne peuvent pas intervenir, trouver un champ d'action possible en participant à une solution qui ne dépend d'aucune institution : c'est ainsi que naît l'idée, et la création d'une société civile de sauvetage en mer, qui dépend des citoyens et non pas d'un quelconque pouvoir en place qui l'aurait décidé.

Cette société de sauvetage, et la plupart de celles qui ont vu le jour en Europe durant la même période, est financée, encore aujourd'hui, par le bon vouloir de chacun d'entre nous. Quiconque fréquente les cafés des ports connaît forcément la tirelire destinée à recueillir des dons pour les sauvetages, posée sur chaque comptoir, où même le plus amoral des marins ou des citoyens ne manque pas de glisser une pièce au moment de payer sa bière.

Et ce n'est qu'un exemple ! Si on relit la petite et la grande histoire à la lumière de ces deux concepts, on voit qu'elles foisonnent, l'une et l'autre, de multitudes d'actions, menées dans des champs marginaux par des personnes ou des groupes de personnes : petits ou grands actes de résistance, désobéissance civile, révolutions douces ou violentes, invention de nouvelles méthodes, de nouveaux modèles, de nouveaux outils, création d'ONG, de structures autogérées... Mais aussi franchissement d'obstacles infranchissables, ouvertures de voies inimaginables, altération d'interdits inaltérables...

Finalement, la plupart des situations regorgent de ces merveilleux champs d'action, mais comme nous l'ignorons et que nous ne sommes pas formés à les repérer, nous ne les voyons pas. Pourtant, l'histoire en a fait maintes fois la preuve : dès qu'on les cherche, on les trouve...

Un des principaux champs d'action dans lequel j'ai été encouragé (et même souvent obligé !) à élargir mes horizons de pensée a été ma propre famille. Élever nos quatre enfants a été la plus puissante des écoles pour les parents que nous sommes devenus, Karin et moi. Comme beaucoup de parents nous nous sommes posé la question des valeurs sur lesquelles nous appuyer, et que nous souhaitions transmettre à nos enfants. Parmi elles, une est revenue souvent : comment être juste ? Qu'est-ce que cela signifie ? Est-ce traiter tout le monde de la même manière, ou chacun selon ses besoins ?

Pour nous, il était clair que les valeurs centrales de notre éducation seraient l'amour et le respect de l'autre. Et, s'il nous arrivait de nous en éloigner, la petite voix de l'un ou l'autre de nos enfants venait nous rappeler à l'ordre du même « c'est pas juste » que nous avions nous aussi, dans notre enfance, fait remarquer à nos propres parents. Karin et moi nous sommes efforcés de toujours en tenir compte, de nous interroger sur la justesse – ou pas – de notre attitude, et, le cas échéant, de nous excuser auprès d'eux.

Pas à pas, nos enfants nous ont appris à les accompagner avec solidité et douceur, et avec le souci de trouver à chacun non pas la même place, mais la place qui lui convient, en le respectant pour ce qu'il est. Chacun à égale valeur, avec ses singularités, ses « forces » et ses «faiblesses»; mais qui décide ce qui relève de l'un ou de l'autre?

Si cela m'a toujours semblé évident que c'était ainsi qu'il fallait faire – ce qui ne veut pas dire que c'était facile – c'est sans doute en partie grâce à Sebastian.

Sebastian est mon premier petit frère, né un an et demi après moi. Il était trisomique. Il est mort brutalement, huit mois après sa naissance, des suites d'une grave opération. Je ne me souviens pas de lui, je me souviens seulement du fait qu'il était là et du moment où il n'était plus là. Il paraît que «*wo Bruder?*», «où frère?», font partie de mes premiers mots. Je me souviens, aussi, de la dévastation de ma mère, même si je n'en mesurais pas toutes les causes. Chaque année, le jour anniversaire de la mort de Sebastian, elle s'enfermait seule dans sa chambre de longues heures durant en écoutant la *Passion selon saint Matthieu* de Jean-Sébastien Bach. Nous comprenions son deuil et nous le respections. Durant toute notre enfance, mes parents ont veillé à garder une place à Sebastian dans notre famille, en restant en contact et en nous mettant en contact avec des personnes trisomiques. Et il a toujours été clair que ce petit frère-là fait absolument partie de la famille, à égale valeur de chacun d'entre nous.

C'est la clé de l'humanité, me semble-t-il : chacun différent, mais à égale valeur. Plus notre horizon de pensée sera ouvert, et plus nous serons aptes à investir les champs d'action qui s'offrent à nous. C'est ainsi que naissent, toujours, les belles idées, même petites, d'actions destinées à changer la vie. Chacun à sa mesure, d'abord autour de soi, et puis de plus en plus loin.

C'est aussi ainsi que naissent les actions destinées à sauver l'humanité : lorsque notre esprit s'ouvre à l'idée qu'il n'est pas supportable de laisser perdre une vie humaine, qu'elle soit proche ou lointaine. Y compris celle de ceux qu'on ne connaît pas. Et même, peut-être, celle de ceux qu'on n'aime pas. Au moment de l'appel aux dons pour affréter le *Cap Anamur*, destiné à sauver la vie des boat people, Heinrich Böll, prix Nobel de littérature très engagé politiquement, qui soutenait activement le projet, s'est fait interpeller avec virulence : et si le bateau permettait de sauver des salauds, des meurtriers, des capitalistes? Sa réponse a été sans appel : sauvons tout le monde, et même «n'importe qui». Le droit à la vie prime sur tout, sans sélection.

Je suis d'accord avec lui. Notre responsabilité est de faire notre part, à notre mesure. Et je crois, très profondément, qu'une société qui distinguerait les hommes dans leur valeur ne serait pas une société vraiment humaine, et qu'elle serait vouée à sa perte. L'amour est plus fort que la dégradation, la délimitation et la haine. Il est la base universelle des droits de l'homme et la plus haute valeur chrétienne.

Et la première chose qui découle de l'amour, c'est la fraternité.

9

Violence

En 1994, tante Ea est morte. Elle avait 100 ans. Nous étions au cimetière de Hamburg-Ohlsdorf, autour de la tombe dans laquelle les employés des pompes funèbres s'efforçaient de faire entrer le beau cercueil qu'elle avait choisi. En ce moment si particulier, il régnait un lourd silence, pesant sans doute de tout ce que nous avions conscience d'enterrer avec elle, la dernière représentante de la famille issue de cette génération. Jamais, aucun d'entre nous ne l'avait entendue regretter ou mettre en doute ses engagements nazis. Nous le savions, tous, sans avoir jamais osé lui en parler, encore moins lui demander une explication ou un *mea culpa*.

Quand le cercueil en bois vernis, aux poignées dorées, a enfin trouvé sa place dans la fosse qui avait été creusée pour lui, nous avons entendu la petite voix de Lukas, 6 ans, s'indigner :

– Quel dommage de mettre une si jolie boîte, dans un trou si laid !

Le rire s'est répandu comme une traînée de poudre dans le groupe que nous formions. Sans le vouloir, avec sa remarque d'enfant, notre fils avait mis un peu de légèreté dans ce moment si lourd.

Plus tard, dans la maison de famille où nous partagions un café et quelques gâteaux secs, j'ai pris mon courage à deux mains pour lancer la conversation sur un sujet qui me tourmentait depuis un certain temps : le rôle des femmes, et plus particulièrement des femmes de cette famille-là, pendant la période nazie. De quelle manière ont-elles contribué à l'explosion de l'idéologie fasciste ? À la guerre ? À la persécution des Juifs ? Nous savions tous que la plupart des hommes sont allés au front. Mais les femmes ? Nos grands-mères, nos tantes ?

Comment ont-elles participé à tout ça?
Ont-elles pris leur distance avec le nazisme
avant les hommes?

Parler de cette période n'était pas tabou
chez nous – c'est-à-dire chez mes parents,
avec mes frères et ma sœur – mais dans ma
famille maternelle, autour de Tante Ea,
c'était la première fois qu'il en était question.

À mon grand étonnement, personne n'a été
choqué ou gêné par mes questions. Nous en
avons discuté sans aucune tension. Je ne me
rappelle pas avoir appris quoi que ce soit que
je ne savais déjà, mais je me souviens d'avoir
ressenti un grand soulagement que nous
puissions enfin parler de «ça», sans déclen-
cher un cataclysme familial. Comme si une
porte s'ouvrait enfin. Et comme si chacun
d'entre nous avait attendu ce moment sans
savoir que tous les autres l'attendaient aussi.

Pour je ne sais plus quelle raison, Karin et
les enfants sont rentrés en train à Göttingen,
et j'ai fait le trajet seul en voiture. Quelques
kilomètres après avoir laissé derrière moi la
maison de mes grands-parents, je repensais à
cette journée si particulière que nous venions

de vivre tous ensemble. Une grande vague de tristesse et d'émotion m'a submergé. Je me suis arrêté au bord de la route et j'ai pleuré. J'étais tellement soulagé que nous puissions enfin aborder ces questions sans retenue, avec honnêteté, mais aussi tellement désolé que nous ayons attendu si longtemps. Presque cinquante ans de silence familial, depuis la fin de la guerre. Mes frères et sœur, mes cousins et nos enfants : nous sommes tous nés, et nous avons tous grandi dans ce silence...

À ce moment-là, tout seul au bord de cette route, j'ai mesuré combien il faut du temps pour que les individus, les familles, et les sociétés tout entières puissent se réparer de certains traumatismes. Et quel long travail d'ouverture et de clarification est nécessaire pour trouver des réponses à toutes ces questions si douloureuses. Mais j'ai mesuré aussi, à l'aune de mes connaissances historiques, à quel point le temps « guérit » notre histoire en l'émoussant lentement jusqu'à adoucir, atténuer, transformer, même les plus terribles des événements...

Dans les mois qui ont suivi, je me suis remis avec vigueur à travailler sur ma thèse, que j'avais un peu délaissée. Après l'avoir enfin terminée, début 1995, je me suis dit que, sans abandonner la cosmographie de la Renaissance, il était temps que je m'interroge sur la direction à donner à mon parcours d'historien. J'avais très envie – et même peut-être besoin – de me pencher, enfin, sur les processus de violence. C'est à cette période que, soudainement, des images terribles ont fait irruption dans ma tête : les images d'Auschwitz, découvertes par hasard dans ce petit cinéma de quartier, l'année de mes 16 ans. Une fois encore je me suis mis à pleurer, comme si je les découvrais à nouveau pour la première fois. Et j'ai réalisé que je n'avais jamais pleuré sur ces images auparavant, et qu'en tant qu'historien, je m'en étais toujours soigneusement tenu à l'écart.

C'était aussi le cas pour la plupart de mes confrères du prestigieux institut où je travaillais. Comme si un fossé infranchissable séparait nos vies personnelles, nos héritages, nos émotions, de nos travaux scientifiques. Comme si ce passé, que nous scrutions avec tant d'intensité, de sérieux et de minutie, ne pouvait pas avoir de lien avec notre présent et notre vie personnelle et privée. Mais à quoi pouvaient bien servir des recherches historiques, si brillantes et si poussées soient-elles, si elles ne servaient pas à nous faire mieux comprendre comment nos expériences et nos existences personnelles sont étroitement liées au processus de l'histoire et de la société?

J'ai été pris d'une sorte de vertige intérieur. Je venais d'avoir 38 ans, j'avais passé un tiers de ma vie d'adulte en mer, et les deux autres à étudier l'histoire sans jamais aborder la question de la violence dans l'histoire du vingtième siècle, ni dans celle de ma propre famille

Je me suis dit qu'il était temps. En tant qu'historien, je voulais me confronter à cette violence sans craindre d'affronter mes émotions, mes peurs, et mon histoire. Chercher où elle prend racine. Comprendre si elle germe de la même manière chez une personne, dans une famille et dans une nation. Voir si, pour les groupes et les sociétés, elle peut être traitée par des méthodes inspirées des expériences thérapeutiques individuelles. Alors que, en pleine période de réunification Est-Ouest, nous assistions avec effarement à l'apparition de groupuscules néo-nazis, je voulais avoir une approche, moderne, à la fois historique, sociologique, anthropologique, psychologique, pour pouvoir analyser la question sur au moins trois générations. Quelle est la part de la transmission transgénérationnelle de la violence ? Comment l'interrompre ? Et quel poids a le silence, dans cet héritage ?

Nous en avons beaucoup discuté, Karin et moi. Lena venait d'entrer au collège. Max avait 10 ans, Lukas bientôt 8 et Pia faisait ses débuts en maternelle. Tous allaient bien. Après avoir travaillé pendant plusieurs années comme infirmière à temps partiel, Karin commençait à s'investir dans un nouveau poste, où elle était en contact avec des patients psychiatriques. Ces sujets la passionnaient autant que moi. Non seulement elle comprenait que j'aie envie d'approfondir avec des anthropologues, des sociologues, des psys, mais nous savions que nous partagerions avec grand intérêt nos expériences croisées.

En cherchant quels collègues spécialistes d'autres disciplines mon projet pourrait intéresser, j'ai rencontré Manfred Cierpka, psychiatre et thérapeute familial, qui dirigeait à l'université de Göttingen un petit groupe de thérapie et de recherche sur la violence intrafamiliale. Ensemble, nous avons décidé de fonder un groupe de recherche. Rapidement, d'autres chercheurs, sociologues, pédagogues, psychiatres, historiens, ont accepté avec enthousiasme de se joindre à nous et en quelques semaines, avec une facilité déconcertante – ce projet semblait être une évidence pour tout le monde – nous avons constitué une équipe pluridisciplinaire, que les directeurs de l'Institut de recherche en histoire Max Planck de Göttingen ont accepté d'héberger.

Pendant cinq ans, nous nous sommes rencontrés régulièrement. Nous avons étudié les travaux existants, présenté des articles, discuté de la terminologie de la violence, des similitudes entre la violence individuelle et la violence collective, et du processus de violence dans l'histoire allemande. Et surtout, nous avons discuté le concept de «spirale de violence» : peut-elle avoir une valeur analytique? Comment s'organise-t-elle? Par quel(s) moyen(s) peut-on l'interrompre ou la faire cesser?

J'espérais, à terme, que notre si passionnant et si nécessaire petit cercle de travail deviendrait une institution reconnue.

Ma première idée, pour enraciner notre travail, était de créer à Göttingen un lieu symbolique dédié à l'objet de nos recherches : je rêvais d'une Maison d'Anne Frank, qui abriterait une mini-bibliothèque et un lieu de rencontre autour de notre thème de travail, mais aussi un petit musée à la mémoire des gens de Göttingen et des environs engloutis dans la Shoah et sa spirale de violence. Nous envisagions même, à terme, de démultiplier la Maison d'Anne Frank dans d'autres villes d'Allemagne qui souhaiteraient l'accueillir, pour créer un réseau de lieux qui garderaient la mémoire des persécutions et des expulsions de l'époque nazie.

Tout se présentait au mieux : la commune cherchait à confier une belle bâtisse bicentenaire dont elle était propriétaire à qui s'engagerait à l'entretenir, et à l'utiliser pour un projet significatif. Nous l'avions visité, et trouvée parfaite pour ce que nous voulions en faire. Un architecte, enthousiasmé par le projet, avait accepté de réaliser bénévolement un plan de transformation. En faisant des recherches, j'ai appris que cette maison était, pendant le Troisième Reich, un lieu de rendez-vous pour les SS du coin, et je me suis réjoui que nous puissions lui offrir cette nouvelle fonction.

Alors que tout semblait propice à la création de la Maison d'Anne Frank, les choses se sont enrayées. Personne n'a eu la volonté de nuire à ce projet, qui semblait faire l'unanimité, mais aucune instance ne s'en est vraiment emparée, en particulier pour le financer. J'étais un simple chercheur. Même si mes travaux étaient respectés, je n'avais pas le poids nécessaire pour faire pencher la balance du bon côté. Avant que nous ayons eu le temps de créer une association, de mobiliser des soutiens et d'organiser le financement, la maison que nous avions choisie a été vendue par la ville de Göttingen à un investisseur privé. Finalement, avec grands regrets, nous avons dû renoncer…

Par chance, juste après cette déconvenue qui m'a beaucoup affecté, j'ai eu l'honneur de recevoir, grâce à un professeur de l'université canadienne de Winnipeg, une bourse de la prestigieuse fondation Alexander von Humboldt, pour continuer l'étude des débats cosmographiques entre savants européens de la Renaissance, assortie de la recommandation surprenante de ne pas étudier le sujet dans la diaspora canadienne, mais à… Rome, à partir de la richesse des sources conservées dans ses splendides bibliothèques, dont la fameuse Biblioteca Vaticana !

Nous sommes donc partis passer l'année scolaire 1996-1997 à Rome, en famille. C'était une riche idée ! Nous étions logés dans une belle et grande maison normalement destinée aux vacances, à vingt-cinq kilomètres de Rome et pas très loin de la mer. On m'a attribué un bureau à l'Institut historique allemand, via Aurelia Antica, et j'avais accès à toutes les bibliothèques romaines. Les enfants ont pu poursuivre leur cursus scolaire au lycée allemand; Pia s'est débrouillée à merveille dans son école maternelle italienne et Karin s'est mise à l'italien et à l'histoire de l'art.

Au printemps, une bonne partie de la famille est venue nous rejoindre pour participer à la grande fête organisée pour la confirmation de Lena.

Cette année romaine a été, pour toute la famille, une année bénie, légère et ensoleillée.

10

De Rome à Dora

Pendant notre séjour en Italie, je suis resté en contact avec mon groupe de travail de Göttingen. Les directeurs de l'Institut Max Planck m'ont finalement proposé un poste à durée déterminée de coordinateur des recherches interdisciplinaires sur la violence. Après une merveilleuse année à Rome, nous sommes donc rentrés à la maison. Les enfants ont retrouvé leur école et leurs copains, Karin a été embauchée comme infirmière au sein des équipes thérapeutiques de l'hôpital psychiatrique de Göttingen-Tiefenbrunnn, et moi, je me suis lancé à corps perdu dans nos recherches.

Si on considère que la violence commence là où cesse l'empathie, ce que l'Histoire a mille fois démontré, il était essentiel pour moi de comprendre pourquoi et comment, en temps de crise, notre capacité d'empathie devient de plus en plus sélective.

En reprenant l'histoire de la petite île de Spiekeroog, il est aisé de voir la manière dont, au fil des siècles, l'empathie des habitants s'est élargie de plus en plus. Au début ils étaient des pirates concernés seulement par eux-mêmes et par leurs très proches, capables de sacrifier la vie d'autres humains pour combler leurs propres besoins ou désirs. Puis ils sont devenus des spectateurs compatissants et horrifiés de ne pas pouvoir venir au secours de ces autres humains capables d'accueillir et de prendre soin des rescapés, avant de devenir des sauveteurs passifs ou actifs en contribuant à la création et à la perpétuation de la société de sauvetage en mer.

Notre histoire européenne a vu, elle aussi, s'élargir les frontières de l'empathie. Durant la Première Guerre mondiale, sur le front de l'Ouest, les soldats français et anglais luttaient contre les soldats allemands. Le nationalisme agressif était de règle, l'empathie avec l'autre bord presque officiellement exclue. Mais deux armistices et quelques décennies de construction européenne plus tard, on peut mesurer, concrètement, à quel point les frontières de nos empathies sélectives se sont élargies, entraînant même un assouplissement de nos frontières territoriales. Quand un attentat frappe Sarajevo, Madrid, Londres, Paris, Munich, Bruxelles, Nice, Berlin ou Stockholm, dans un grand élan d'identification, toute l'Europe est émue et concernée. L'empathie européenne, et parfois même occidentale, que nous ressentons aujourd'hui, que ce soit à propos d'une attaque terroriste ou d'un événement politique, n'était pas imaginable il y a cinquante ou cent ans.

En revanche, quand il s'agit d'un attentat à Istanbul, Damas, Bagdad, Djalalabad, Kaboul, Lahore, Ouagadougou, au Caire, à Nairobi ou à Mogadiscio, notre empathie d'Européens reste assez... limitée, voire si faible que les informations importantes ne nous parviennent pas du tout. Mises à part quelques rares catastrophes naturelles vraiment monstrueuses – tremblement de terre, tsunami, éruption volcanique –, l'actualité tragique des villes et des régions étrangères à notre monde occidental nous incite rarement à l'empathie. Sous prétexte que ce n'est pas nos affaires, que nous n'y pouvons rien, et qu'on ne peut pas porter toute la misère du monde sans risquer d'y perdre notre propre sécurité.

Élargir l'empathie nationale et internationale a pourtant un excellent effet sur la paix, la coopération, la croissance, et permet de juguler la violence. Mais souvent, pour des raisons politiques, religieuses, culturelles ; pour des raisons de peur, surtout, et d'éducation ; nous nous entêtons à penser qu'il est indispensable, pour notre survie, de nous concentrer sur nos propres problèmes en évitant de nous mettre à la place des autres.

Et nous nous obstinons à ne pas vouloir voir que les catastrophes économiques et politiques du vingtième siècle reposent sur la sélectivité de l'empathie de nos grands-parents, et de nos arrière-grands-parents qui vivaient dans un monde de préjugés nationalistes. Leur incapacité à se mettre à la place de l'autre allait de pair avec leur certitude que le plus fort gagne, aux dépens du plus faible et qu'il faut donc, coûte que coûte, devenir et rester le plus fort. Nous savons maintenant que c'est une grave erreur et que cela conduit à de monstrueuses tragédies.

Je suis certain qu'à long terme, ce sont les personnes empathiques qui survivent. Être capable de se connecter à d'autres, de comprendre comment ils fonctionnent, de s'adapter, de mutualiser expériences et compétences, sont les meilleures garanties d'échapper à un horizon bloqué.

Les observations de notre groupe de travail m'en ont convaincu : la meilleure manière d'interrompre la spirale de la violence, c'est de faire en sorte que chacun soit capable de se connecter à d'autres, de comprendre comment ils fonctionnent, et de remplacer la sélectivité par la solidarité. Ça marche pour les individus, pour les familles et pour les États : moins l'empathie est sélective, plus la violence diminue. Tous les programmes de médiation familiale, de communication non violente, de réconciliation nationale, sont basés sur ce principe. Lorsqu'on rencontre un autre, perçu comme un ennemi ou un danger, et que l'on découvre à son contact des points communs dans lesquels on peut se reconnaître, qui nous permettent de pouvoir nous mettre à sa place, il est difficile de persister à le considérer comme un ennemi ou un danger.

Dans son livre *Le poids du silence*, Dan Bar-On a montré que trois générations après la Shoah, ce qui reste de douleur et de violence aux descendants des victimes peut être comparable à ce qui reste de douleur et de violence aux descendants des bourreaux. Voire, peut les réunir. Pour apaiser cette douleur, ils n'ont pas d'autre choix que faire, chacun à leur manière, le deuil de leurs ancêtres. Étonnamment, ce deuil peut également les réunir. Et les ouvrir à nouveau à l'empathie. Mais il reste encore un long chemin à parcourir pour accepter cette idée…

Pour mon travail de deuil à moi, je savais que je devais me confronter profession-nellement à quelque chose dont je repous-sais inconsciemment l'échéance depuis des années : je me suis enfin penché sur l'histoire du camp de concentration situé juste à côté de chez moi. À Dora, à trente kilomètres de Göttingen, on fabriquait dans une usine souterraine les missiles V2 destinés à attaquer l'Angleterre de la Belgique et la France. Entre le mois d'août 1943, où il a ouvert ses portes, et le 11 avril 1945, où il a été libéré par l'armée américaine, plus de soixante mille prisonniers[1] y ont vécu et travaillé, dans des conditions abominables. Vingt mille d'entre eux sont morts.

J'ai visité Dora en compagnie de deux rescapés, un Français et Albert van Hoey, éditeur belge de la petite revue *L'Amicale des prisonniers politiques de Dora*. La rencontre avec ces deux vieux messieurs, et leur terrible récit de ce qu'ils ont vu et vécu là-bas m'a bouleversé, horrifié, dévasté. J'ai eu l'impression que cette visite, et tous les documents que j'ai étudiés à ce moment-là, m'ont fait comprendre à quel point un historien ne

1. C'est à Dora que fut interné quelques mois Stéphane Hessel (1917-2013), qui participa après la guerre à la rédaction de la *Déclaration universelle des droits de l'homme*, et qui écrivit en 2010, *Indignez-vous*, comme un cri du cœur.

peut pas négliger de prendre en compte, dans son travail, la complexité et la sensibilité humaines. Bien sûr, l'histoire est une matière scientifique, mais le cœur et l'humanité doivent en être les références de base.

Ces heures passées à Dora m'ont ouvert un accès direct à l'histoire de mon pays et de ma propre famille. J'en ai gardé une sensation de grande tristesse, de honte et de surprise d'avoir mis si longtemps à accepter de visiter l'inacceptable, et à m'en préoccuper vraiment.

C'était un vaste chantier, de s'attaquer ainsi aux frontières de la violence et de l'empathie. Je me suis senti épuisé, et un peu découragé à l'idée de me confronter, encore et encore, à ces questions qui provoquaient chez moi des émotions si puissantes. Ma mission de coordinateur de la recherche interdisciplinaire s'est terminée en février 2000, après la tenue de deux symposiums internationaux.

J'étais au chômage. Mon projet d'institutionnaliser notre groupe de recherche – et donc de continuer mon travail sur la violence dans un poste salarié – ne semblait pas vouloir aboutir. Tout devenait trop lourd pour mes seules épaules. Après avoir mûrement réfléchi et en avoir beaucoup discuté avec Karin, même si j'avais un peu l'impression de déserter, et d'abandonner cet univers, qui était aussi celui de mes parents et dans lequel je venais de passer dix-sept ans de ma vie, j'ai décidé de faire une pause. Je ne pouvais pas m'épuiser à vouloir changer le monde à moi tout seul, et je devais subvenir aux besoins de ma précieuse famille. Nous avions besoin que j'aie une situation professionnelle claire et stable. Les enfants étaient assez grands pour que nous ne souffrions pas trop, tous, de mes absences au long cours, et Karin était d'accord : à 44 ans, j'ai décidé de reprendre la mer.

11

Retour à la mer

En octobre 2000, j'ai trouvé un poste de second à la Claus-Peter Offen Shipping Company de Hambourg. Je me suis senti soulagé de trouver un bon travail, dans une bonne compagnie. En dix-sept ans, c'était la première fois que j'avais un vrai contrat, à long terme, qui me permettait de ne plus me demander chaque année comment j'allais subvenir aux besoins de ma famille.

Le premier bateau sur lequel j'ai recommencé à naviguer s'appelait le *San Francisco*, un porte-containers de cent soixante-cinq mètres équipé de deux grues sur le pont avant, et d'une troisième sur le pont arrière, qui appareillait de Bremerhaven direction Aarhus au Danemark, un petit crochet par

Rotterdam, et puis la Méditerranée. Karin et les enfants m'ont accompagné au port de départ. C'était important pour tout le monde de passer ces moments en famille : une manière très concrète de continuer à être réunis, malgré mes prochaines absences. Nous avons commencé le voyage ensemble, et ils ont découvert un papa marin qu'ils ne connaissaient pas. Nous avions prévu que Karin vienne aussi passer une semaine avec moi lors de notre escale en Grèce, pour que nous puissions, elle et moi, commencer ensemble ma nouvelle vie en mer. Et que nous nous retrouvions en famille à Rotterdam lorsque je rentrerai de Méditerranée.

Quand nous nous sommes quittés, Pia a pleuré. Elle avait 8 ans, et du mal à comprendre que son papa, qu'elle voyait presque chaque jour depuis sa naissance, s'en aille pour si longtemps. Ça m'a fendu le cœur, mais je savais que nous ne nous perdrions pas de vue. Elle savait écrire désormais, et nous pourrions communiquer par mails. Et puis elle ignorait encore le bonheur des retrouvailles dont j'avais fait l'expérience avec délice durant ma première vie et dont je me souvenais très bien. J'étais traversé par des sentiments contradictoires : j'avais à la fois la gorge serrée et l'esprit plus léger. Je savais que ma décision était la bonne, pour chacun d'entre nous. Cet emploi nous offrait à tous un avenir nouveau et rassurant.

J'étais aussi content qu'inquiet de reprendre la mer, et un peu triste d'abandonner l'histoire. Heureusement, retrouver le rythme soutenu du travail à bord et de la navigation a eu sur moi un effet que j'avais oublié : peu à peu, mon esprit s'est apaisé. Je me suis mis au tempo du bateau. En m'éloignant des côtes, je me suis éloigné de toutes ces questions autour de la violence qui avaient éprouvé ma vie ces cinq dernières années, et provoqué chez moi des émotions parfois si fortes qu'elles avaient ébranlé mon couple et ma famille. J'ai pris du recul et j'ai repris mon souffle. J'ai retrouvé le plaisir d'être en équipage, au contact direct et concret de chacun des membres en ayant la conscience aiguë que tous sont indispensables. Je n'avais plus à porter sur mes épaules toute l'histoire de l'Europe et de la violence. Je n'étais plus en charge que d'un bateau, bien délimité, avec un équipage que je connaissais, une route à tracer, des tâches à accomplir. Je n'avais pas besoin de sauver le monde. Seulement contribuer à mener ce bateau à bon port, ensemble.

Je me suis souvenu que je suis un marin. Et que j'aime énormément ça.

Nous avons traversé la Méditerranée. Gibraltar, Gioia Tauro à la pointe de l'Italie, le Pirée, Izmir, retour à Gioia Tauro et Gibraltar pour une semaine d'escale, avant qu'un contrat imprévu nous envoie en Afrique de l'Ouest. Lomé au Togo, Apapa à côté de Lagos, Cotonou au Bénin, Tema au Ghana ; Abidjan, le plus grand port de la Côte d'Ivoire, et puis San Pedro, le plus petit, avant de retourner à Gibraltar. Je suis parti à la découverte de cette partie du continent que je ne connaissais pas avec plaisir et aussi une pointe d'appréhension : dans les ports, les marins parlaient de pirates et d'insécurité dans ces eaux-là. Mais nous n'avons rien vu de tout ça.

Pendant l'escale à Apapa, sur le pont où je supervisais le chargement et le déchargement du fret, j'ai fait la connaissance d'un jeune homme nigérian de 28 ans, chargé de surveiller le pont. Il avait à peu près l'âge que j'avais quand j'ai repris mes études. En discutant, nous avons découvert que nous étions historiens tous les deux. J'avais terminé ma thèse de doctorat, et lui sa thèse de maîtrise ; il avait lui aussi beaucoup lu et étudié, et potassé les mêmes chercheurs contemporains, parmi lesquels certains avec qui j'avais collaboré durant l'année que j'avais passée à Paris avec Karin et les enfants. Nous nous intéressions aux mêmes sujets, et avons échangé comme deux collègues qui se seraient retrouvés lors d'un congrès ou d'une conférence.

À la fin de nos études, ni lui ni moi n'avions trouvé un poste d'historien. Mais j'avais, moi, décroché ce travail d'officier de marine marchande, stable, bien payé, dans une des meilleures compagnies allemandes, qui nous permettait à Karin et moi de subvenir aux besoins de notre famille. Pendant que lui devait se contenter d'un poste de gardien affreusement mal payé, qui ne lui permettait en aucun cas d'envisager de fonder une famille. Comme la plupart des jeunes hommes et jeunes femmes de sa génération en Afrique de l'Ouest, il n'avait aucune autre perspective, et aucun espoir d'un avenir meilleur.

Il était intelligent, ouvert, cultivé. Son calme, et le mélange de désespoir et d'obstination avec lequel il parlait de son avenir m'ont touché et impressionné. Quand nous nous sommes quittés, je me suis demandé si j'aurais été capable, moi, d'accepter d'avoir étudié si longtemps sans rien pouvoir faire de ce que j'avais appris, et de me résoudre à trouver un boulot sans intérêt pour gagner une misère. Comment faisait-il pour tenir, et combien de temps tiendrait-il encore? Comment font tous ces gens partout en Afrique pour supporter une vie qui, pour nous, ne serait ni supportable ni acceptable?

Nous avons fait deux allers-retours entre Gibraltar et l'Afrique de l'Ouest. Lors du second voyage, deux jours après que nous avons quitté San Pedro, Muhammad est apparu sur le bateau, grelottant de peur et de froid. Passager clandestin d'une trentaine d'années, il avait pour seul bagage son passe-port sénégalais et un petit livre de prières écrites en arabe. Nous lui avons trouvé des vêtements chauds, et donné à manger et à boire. Il parlait le wolof, l'arabe et le français : sur le bateau, j'étais donc le seul à pouvoir le comprendre. Le capitaine me l'a confié. Ma mission était d'assurer sa sécurité, en passant du temps avec lui pour éviter qu'une trop grande sensation d'isolement ne le pousse à sauter par-dessus bord.

Je me suis organisé pour lui consacrer une heure chaque jour, jusqu'à ce que nous lui trouvions une solution. Je le retrouvais dans la cabine qui lui avait été attribuée. Là, rendez-vous après rendez-vous, Muhammad m'a raconté son histoire. Il avait 35 ans. Son père, marié à trois femmes, était à la tête d'une famille de dix-huit enfants. Cultiva-teur, il avait dû faire face à un climat de plus en plus sec, et des récoltes de moins en moins bonnes. Après avoir déménagé une fois vers des terres qu'il espérait plus fertiles, il s'était rendu à l'évidence : il n'arrivait plus à subve-nir aux besoins de sa grande famille. Comme le veut la coutume, et comme le font tant d'autres pères dans tant d'autres familles africaines, il a donc désigné quelques-uns de ses enfants, dont Muhammad, pour aller gagner ailleurs les subsides nécessaires. Muhammad a obéi, parce que chez lui c'est comme ça : un fils doit obéissance à son père. Il est parti travailler dans les pays voisins, en envoyant de l'argent chaque mois et a fini par se fixer en Côte d'Ivoire, où il vivait depuis quatre ou cinq ans, musulman dans une zone chrétienne, sans que cela ne pose aucun problème. Mais peu à peu, les relations se sont tendues entre chrétiens et musulmans, jusqu'à ce que la situation devienne réellement dangereuse. Il s'est enfui, pour protéger sa vie. Est arrivé à San Pedro tant bien que mal. Et s'est glissé dans un bateau pour l'Europe, en espérant que là-bas, la vie serait meilleure. Il se disait qu'en France, il avait peut-être un avenir...

Je savais, moi, qu'il n'en aurait pas en Europe. Si nous le déposions à Rouen, où nous devions faire escale, sa demande d'asile serait sûrement refusée par les autorités françaises, qui le renverraient au Sénégal, puisque c'était son pays et que, tant politiquement que religieusement, il n'y risquait rien. La meilleure solution semblait donc que nous le débarquions à Dakar, où il était prévu que nous nous arrêtions quelques semaines plus tard. Quand je lui ai expliqué ça, il était désespéré : que dirait son père, s'il revenait au pays sans travail et sans fortune ? Qui fournirait à sa famille l'argent qu'il n'enverrait plus ?

– Mais Muhammad, tu ne crois pas que tu as assez contribué ? Et qu'il est temps que tu te préoccupes un peu de ta vie à toi ? Tu as 35 ans, c'est un bon âge pour fonder ta propre famille, non ?

– Ma vie à moi, c'est d'aider mon père à nourrir la famille.

– Et puis tu dis que tu reviendrais sans rien. Mais tu n'as pas rien, puisque tu as réussi à économiser sept cents dollars de ton travail en Côte d'Ivoire. C'est beaucoup sept cents dollars.

– Oui c'est beaucoup mais à la douane de Dakar, ils vont me piquer tout mon argent.

– Et si je trouve une solution pour être sûr que tu récupères ton argent ?

– Non, non, non. Je ne peux pas rentrer. Je ne peux pas.

J'ai passé beaucoup de temps avec lui, en m'efforçant de comprendre la détresse que je voyais dans ses yeux, et l'angoisse dans laquelle le plongeait l'idée de simplement devoir rentrer chez lui. Le Sénégal n'était pas en guerre. Muhammad n'était pas non plus menacé de violence religieuse, dans un pays très majoritairement musulman. Quand il décrivait sa famille, il parlait de grandes difficultés matérielles, mais pas de misère mortelle.

J'ai repensé à mon confrère historien, gardien sur le port d'Apapa et j'ai retrouvé, dans le désespoir de Muhammad, cette même absence d'avenir. Cette même impossibilité de pouvoir choisir, librement, sa propre existence. Ce même enfermement dans un destin imposé par le chaos économique, les circonstances, les traditions, les règles immuables. J'ai regardé ma vie à moi, ma liberté de choix, l'avenir de mes enfants, qui allaient tous à l'école et pourraient, bientôt, choisir leurs études et partir en voyage quand et où ils le souhaiteraient. J'ai compris ces deux hommes, et tous les autres. Pour moi aussi, ce destin-là serait insupportable. Comme il l'avait été pour ces millions de migrants européens dont j'avais croisé les histoires au cours de mes études.

La mort dans l'âme, j'ai réussi à convaincre Muhammad que le mieux que nous puissions lui proposer était de le débarquer à Dakar. Le capitaine et moi nous sommes organisés pour lui faire passer ses sept cents dollars sans qu'ils soient confisqués par les douaniers. Je lui ai souhaité bonne chance et bon courage. Trois ou quatre mois plus tard, j'ai reçu une lettre du Sénégal. Il m'annonçait que le transfert d'argent avait bien fonctionné, et qu'il avait récupéré son pactole. Mais qu'il voudrait que je l'aide à venir travailler en Europe. J'ai été désolé de ne pas avoir réussi à le convaincre. Mais est-ce à moi de le convaincre de ce qui est le mieux pour lui? Supporterais-je, moi, que quelqu'un m'explique ce que je dois faire de ma vie, et comment je dois prendre soin, ou pas, de ma famille? Ce qui est acceptable et ce qui ne l'est pas?

Je crois, tout simplement, que c'est à moi de décider de ma vie. Comme c'est à lui, à eux de décider de la leur. L'honneur et la dignité d'un être humain, c'est la liberté de pouvoir choisir sa propre existence, sans que personne ne puisse remettre ce choix en question.

12

Typhon

C'est durant une autre traversée, à l'automne 2004, que j'ai eu à affronter le plus gros ouragan de toute ma carrière. J'étais second capitaine du *Canmar Fortune*, un très gros porte-containers, et nous traversions le Pacifique en direction de Taïwan; nous nous trouvions à deux jours des côtes Est du Japon. Ce n'était pas un voyage très agréable. Le capitaine, très timide, semblait avoir des relations plutôt tendues avec la compagnie. Il était stressé, ne faisait confiance à personne et parlait très mal anglais, ce qui ne facilitait pas la communication avec l'équipage. J'ai bien senti que je l'agaçais de me faire comprendre mieux que lui.

Nous avons été prévenus par télex que nous avions de grands risques de croiser un cyclone, pas très gros, mais très rapide, en cours de formation sur notre route. Pas une trace dans le ciel, ni sur le radar, le baromètre ou le barographe. Nous avons suivi sa position grâce aux données satellite reçues par télex, et changé notre cap pour tenter d'éviter le contact. Pas de chance, il a changé lui aussi de trajectoire. Nous avancions à dix-huit nœuds, et lui à vingt-huit. Il a fallu se rendre à l'évidence : nous pouvions anticiper de plus en plus précisément notre point d'impact, mais nous ne parviendrions pas à l'éviter.

Le capitaine et moi avons informé l'équipage, et chacun d'entre nous s'est concentré sur la tâche qui lui incombait. D'abord parce que c'est indispensable, ensuite parce que cela ne laisse pas de place à la peur. Sans qu'aucun ordre n'ait été donné, tous les responsables de l'équipage se sont regroupés sur le pont, attentifs, hyperconcentrés, prêts à parer à tout imprévu qui pourrait survenir. Nous avons sécurisé tout ce qui pouvait l'être, vérifié l'amarrage de ce qui restait à l'extérieur, et puis nous nous sommes enfermés pour affronter ce qui nous attendait. Ensemble.

La première trace visible d'un ouragan, c'est dans le ciel. Les nuages semblent être tous aspirés vers un même point, comme une araignée au centre de sa toile. Peu de temps après, le baromètre dégringole, d'un coup. Et puis les vagues arrivent, de plus en plus fortes, au fur et à mesure que le vent se met à crier, puis à hurler comme un animal enragé. La mer se déchaîne et à chaque impact, on sent le bateau vibrer, trembler, résister. Quand la poussée des vagues est trop forte, il faut réduire les gaz et virer de vingt degrés de côté, pour que le bateau résiste mieux.

C'est un combat fou, dans lequel nous savons tous que nous ne sommes pas les plus forts. Ce n'est pas nous qui décidons. C'est le vent, et la mer.

À un moment, après six ou sept heures à se faire bousculer dans tous les sens dans un affrontement exténuant, le vent s'arrête, net. Tout se calme, sauf l'océan, qui continue à s'agiter violemment, de manière totalement désordonnée. Dans une ambiance étrange de château hanté, le baromètre indique une pression atmosphérique presque inexistante, et le crayon du barographe s'affale tout en bas de la feuille. Le ciel est d'un bleu très blême, sans aucune profondeur. Il fait chaud et moite. Nous sommes dans l'œil du cyclone ; l'œil du tigre, comme disent les Asiatiques, qui savent qu'au bout du dos du fauve, il y a sa queue, dont il faut se méfier plus que tout. Nous le savons aussi. Tous les marins le savent. Le plus terrible est à venir.

Une heure à peine après qu'il s'est tu, le vent se lève à nouveau et repart dans sa folie, encore plus fort qu'avant. Il hurle, secoue la passerelle, et arrache du pont tout ce qui n'est pas arrimé assez fortement. Le ciel est gris très sombre, comme en enfer, et les vagues se déchaînent à nouveau. Notre bateau, qui est pourtant un très gros bateau de plus de deux cents mètres, se fait ballotter dans tous les sens par la queue du tigre. Six heures, peut-être huit, dans un vacarme infernal, sous des trombes de pluie et d'eau salée, sans pouvoir rien faire d'autre qu'être là, avec acuité, pour parer à toute avarie qui se produirait.

Au bout de cette éternité, le typhon n'est plus qu'un gros orage, terrible, qui dure encore dix ou quinze longues heures. Nous savons tous que le plus dur est passé mais que tout danger n'est pas écarté. Épuisés par ce long passage à tabac, il faut tenir, encore, jusqu'à ce que le tigre soit allé au diable. Ça dure une demi-journée supplémentaire, avant que nous ne nous retrouvions vraiment dans le «rien». Plus de vent, plus de vague, vue enfin dégagée. Plus de pluie, plus de bruit. Plus de danger. La mer est belle et innocente, comme si rien ne s'était passé. Nous réalisons que nous avons traversé le typhon. Et que nous sommes tous vivants.

Mais ce n'est pas fini. Il faut remettre le bateau en ordre. Constater les dégâts, compter les containers éventrés. Récupérer les énormes ressorts entreposés sur le pont, qui, libérés de leurs amarres, roulent d'un bord à l'autre comme d'étranges animaux

échappés de leur enclos. Et puis manger.
Dormir.

Quand j'entre enfin dans ma cabine pour
m'écrouler sur ma couchette, je réalise que
depuis deux jours et demi, je n'ai pensé à
rien d'autre qu'à la minute présente, et à celle
qui allait arriver. Tout le reste a disparu, y
compris Karin et les enfants. Je sors d'une
incroyable et étrange parenthèse dans laquelle
le temps s'est suspendu, comme si j'avais
été propulsé dans un « ailleurs » inconnu.
Un ailleurs à l'intérieur duquel nous avons,
tous, fait exactement ce que nous avions à
faire, sans que rien ne vienne parasiter notre
concentration.

Étonnamment, pendant cette terrible
rencontre avec le typhon, le capitaine et moi,
qui nous entendions pourtant si mal, avons
été parfaitement complémentaires. Habitué
aux très gros temps pour avoir beaucoup
navigué en Atlantique Nord, il n'a jamais
perdu son calme et nous a tous rassurés par
son attitude solide et compétente. Il s'est
appuyé sur moi sans hésiter pour transmettre

les instructions à l'équipage, qui nous a suivis comme un seul homme.

Nous avions fait, chacun, exactement ce que nous avions à faire, sans nous poser de questions et en parlant le moins possible. Nous avions réussi à maintenir le bateau à flots et à survivre. Cette fois-ci. Mais nous savions, tous, que dans le fond, c'est le tigre qui décide.

13

NON

À partir d'octobre 2000, je n'ai pas cessé de naviguer. En août 2005, j'ai été promu capitaine, au soulagement de mes parents qui ont enfin mieux compris ce que je fabriquais sur ces bateaux, en mer pendant des mois. «Capitaine», c'est plus simple à expliquer, pour tout le monde.

Sauf pour moi. Je peux l'avouer aujourd'hui : j'ai eu du mal à me faire à l'idée. Dans la Claus-Peter Offen Shipping Company, pour être promu, il faut en faire la demande, après avoir reçu la recommandation d'au moins trois capitaines qu'on a secondés. J'avais ces soutiens – y compris celui du *Canmar Fortune*, avec qui je m'étais si mal entendu, sauf pendant la traversée du typhon – mais je ne parvenais pas à me sentir légitime pour demander ma nomination. J'avais l'impression de manquer d'expérience. Comment réagirais-je, en tant que capitaine, dans les cas les plus graves ? Par exemple si mon bateau entrait en collision avec un autre bateau ? Si je devais faire face à un grave incendie à bord ? Ou à un important sauvetage en pleine mer ?

Comme pour toutes les grandes décisions de ma vie, Karin m'a soutenu et encouragé : elle m'a convaincu que si ces capitaines s'engageaient pour moi, c'est qu'ils me jugeaient aptes. Je devais leur faire confiance, plus qu'à moi-même... J'ai fini par postuler, et j'ai été promu. Mais il m'a bien fallu cinq ou six années supplémentaires pour me sentir vraiment solide dans mes fonctions.

Le premier cargo de ma vie de capitaine s'appelait le *Santa Federica*. Je suis parti pour trois mois, mais, de contrat supplémentaire en changement de programme – en tant que jeune promu, je n'ai pas envisagé d'exiger de la compagnie qu'ils m'envoient un remplaçant –, j'ai finalement navigué non-stop pendant... cinq mois et sept jours !

Nous avons commencé par le Pérou, puis Balboa au Panama, San Francisco, quelques escales en Chine, avant de rejoindre Singapour, puis Durban, Buenos Aires, Rio de Janeiro, Carthagène en Colombie, et enfin Cristóbal au Panama. Un tour du monde, complet! C'est le plus long temps que j'aie jamais passé en mer, un temps un peu trop long pour moi, et pour Karin et les enfants. Je suis rentré à la maison, épuisé mais aussi fier et soulagé d'avoir réussi mon premier voyage de capitaine et mené à bon port mon bateau, son équipage et tous ses chargements.

Je n'avais jamais vraiment «quitté» la mer, pendant toutes mes années de recherches, puisque je travaillais sur les cartes et les documents des grands navigateurs. Mais j'avais retrouvé avec tellement de bonheur la sensation d'être à ma place, corps et âme, au large, sur un bateau, avec un équipage, que le jour où notre fils Max a choisi de naviguer à son tour, dans la marine militaire, ça m'a rempli de joie. Nous avons eu l'occasion, lui et moi, de partager des impressions et des expériences communes. Je l'ai écouté avec passion me raconter ses navigations à bord du *Schulschiff Deutschland*, un sublime trois-mâts carré de 1927, que n'aurait pas renié le bosco qui m'avait formé, trente ans plus tôt... Après deux années de marine, Max, désormais officier de réserve, s'est engagé dans des études de droit, comme mon père, pour devenir avocat. Mais s'il a un jour envie ou besoin de retourner à la mer, ce sera facile pour lui comme ça l'a été pour moi.

En 2007, trente-trois ans après mes débuts de mousse, j'ai retrouvé Hapag-Lloyd. Désormais, j'étais en charge de très gros porte-containers jusqu'à deux cent quatre-vingt-quatorze mètres de long, que je devais transporter sur les océans d'un continent à l'autre. Mon parcours préféré était la route Atlantique-Pacifique : partir de Hambourg ou Bremerhaven, passer à Rotterdam avant de traverser l'Atlantique pour rejoindre Halifax, New York, Norfolk et Savannah, apercevoir Cuba, juste avant la mer des Caraïbes, puis le canal de Panama. Longer les côtes d'Amérique centrale de Los Angeles à San Francisco, passer dix jours en plein

Pacifique, par le fameux grand cercle de giration, pour arriver au Japon. Enfin, pousser jusqu'en Chine, et en Corée du Sud, avant de faire la route dans l'autre sens, pour rentrer à la maison.

Fin novembre 2007, avant de partir pour une nouvelle mission de trois mois sur le *Bonn Express*, je suis allé saluer mon père, fatigué par un cancer contre lequel il luttait depuis trop longtemps. Nous avons passé un long moment ensemble, durant lequel je nous ai sentis plus proches que jamais. Avant que je parte, il m'a promis de tout faire pour être encore là à mon retour.

Quelques jours plus tard, nous quittions Le Havre pour rejoindre Veracruz, Karin m'a appelé : l'état de mon père s'était dégradé, très vite. Elle partait rejoindre ma famille à son chevet, à Munich où il était soigné. Une énorme tempête s'est levée dans l'Atlantique et le golfe de Gascogne, qui nous a obligés à jeter l'ancre au large des côtes françaises, sans que je puisse envisager de débarquer pour les rejoindre. C'est au milieu des vagues et du vent, chahuté par cette mer que j'aimais tant, que Karin m'a appris la mort de mon père. Comme si la tempête l'avait emporté.

Les enfants ont grandi, commencé leurs études, quitté la maison l'un après l'autre. Petit à petit, sans que nous le réalisions vraiment, ils sont devenus des adultes. En septembre 2010, notre aînée, Lena, s'est mariée avec son ami de longue date, le charmant Pekka. Karin et moi nous sommes retrouvés heureux beaux-parents, en attendant, peut-être, de devenir grands-parents.

Et puis un jour, mon cauchemar s'est réveillé et tout a basculé. Comme une nouvelle rencontre avec un tigre ; une sorte de tsunami intérieur. Un typhon. Un séisme.

C'était en novembre 2014. Comme chaque année, Hapag-Lloyd avait invité tous ses capitaines, une soixantaine, pour une grande réunion dans ses locaux de Hambourg avec le président de la compagnie. J'aimais bien ces rencontres, qui me donnaient l'occasion de retrouver ou de découvrir des collègues que j'avais très peu de chance de croiser le reste de l'année, à part de temps en temps lors d'une escale commune : nous étions tous en vadrouille sur l'océan !

Le matin, dans ma chambre d'hôtel, en me préparant dans la salle de bains, j'ai entendu à la radio l'interview d'un représentant des garde-côtes italiens, qui réagissait à l'arrêt soudain de l'opération *Mare Nostrum* : en un an, la marine italienne avait sauvé près de cent cinquante mille migrants en détresse sur la Méditerranée, mais les États européens refusaient de prendre en charge la suite des opérations.

Cent cinquante mille ! Qui va leur porter secours, désormais ? Va-t-on les laisser se noyer ?

En rejoignant le siège de la compagnie, j'essayais d'imaginer à quoi peut ressembler la traversée de la Méditerranée sur un gros Zodiac pneumatique. Je connais cette mer, pour y avoir navigué. Elle est beaucoup plus dangereuse qu'elle n'en a l'air. De toute façon, toutes les mers sont mortellement dangereuses, si on y navigue dans de telles conditions d'insécurité. J'avais vu les images de ces naufragés, à la télé et dans les journaux et je mesurais, concrètement, dans quelle situation désespérée ils se trouvaient.

Cent cinquante mille rescapés, mais combien de noyés ?

Deux ou trois heures plus tard, après nous avoir détaillé le bilan de l'année écoulée, le président achevait de nous présenter les objectifs pour l'année à venir. Soudain, j'ai réalisé que personne, ni dans cette pièce ni sans doute dans aucun autre endroit d'Europe, ne se préoccupait de ces gens qui étaient, en ce moment même, en danger de mort en Méditerranée. Et j'ai repensé à ces milliers de personnes qui s'étaient noyées dans les mêmes conditions en mer de Chine trente-cinq ans plus tôt. Comment était-il possible qu'on les ait à ce point oubliées ?

J'ai à nouveau senti le poids devenir de plus en plus lourd. Le poids du silence, écrasant, qui s'abattait sur mes épaules, Comment pouvions-nous accepter ça, encore et encore ? Comment supporter, sans rien dire et sans rien faire, que des milliers de gens se noient à nouveau?

Je n'entendais plus ce qui se passait autour de moi. J'étais envahi par ces questions, et cette angoisse : qu'est-ce que je peux faire, moi? Est-ce que je peux continuer à ne rien faire? Quelque chose en moi a dit NON. Quelque chose de très puissant, qui venait du fond de mes entrailles. Je savais que cette chose avait raison.

NON. Ils sont en train de se noyer par milliers, en Méditerranée. Pourquoi les gouvernements n'agissent-ils pas? Et les compagnies maritimes? Les marins? Et moi? Qu'est-ce que je fais, moi? Qu'est-ce que je fais ici?

Je peux sûrement faire quelque chose. Il faut que je fasse quelque chose.

Je me suis levé, et je suis parti. Je ne pouvais pas rester, comme si de rien n'était. Il fallait que je fasse quelque chose.

J'ignore pourquoi j'ai mis si longtemps avant de ne plus le supporter. J'ignore pourquoi, toutes les années d'avant, je ne les ai pas vus, pas entendus. Je savais pourtant qu'ils étaient là. De temps en temps, l'information parvenait jusqu'à moi. Comme un flash. À peine vus, déjà disparus. Juste avant d'arriver jusqu'à mon cerveau. Jusqu'à mon cœur. Jusqu'à mon âme.

Je pense que la première fois que j'aurais pu vraiment réaliser, c'est le jour de juillet 2013 où le pape François, élu quelques semaines plus tôt, a décidé qu'un de ses premiers déplacements serait une visite à Lampedusa. Sous le regard des journalistes du monde entier, il a rencontré les migrants rescapés de la traversée et prié en leur présence pour ceux qui sont morts en mer. J'ai été impressionné par sa simplicité et son humanité. Dans la petite allocution qui a suivi, le pape François a posé une question. Une question tout droit issue de l'histoire de Caïn et Abel, dans l'Ancien Testament :

– Où est ton frère ?

Ça m'a ému et touché. J'ai trouvé cette parole très forte. Sans me demander un instant ce que je pouvais faire, moi. Et sans réaliser que cette question s'adressait aussi à moi.

Quelques semaines après la visite du pape, en octobre 2013, un bateau contenant plus de cinq cents migrants a chaviré au large de Lampedusa. Au moins trois cent soixante-six d'entre eux se sont noyés. C'est en réponse à ce drame que le gouvernement italien a initié l'opération humanitaire *Mare Nostrum* : les garde-côtes et la marine italienne, équipés de frégates, hélicoptères, avions patrouilleurs, navire d'assaut, drones, se sont lancés dans une gigantesque opération de sauvetage. Le marin que je suis a été soulagé. Enfin quelqu'un faisait quelque chose. L'Italie activait la machine, mais il était évident pour moi que l'Europe allait prendre le relais pour venir en aide à toutes ces personnes en détresse en Méditerranée, en notre nom à nous, citoyens européens.

Et voilà qu'un an plus tard, quelques jours avant notre grande réunion de capitaines de Hapag-Lloyd, les journaux commentaient la fin de *Mare Nostrum*. La quasi-totalité des frais mis en œuvre – à peu près neuf millions d'euros par mois – avaient été supportés par le gouvernement italien, presque sans aucune aide de l'Europe. Face aux coûts exorbitants de l'opération et aux critiques grandissantes de ses opposants, l'Italie jetait l'éponge. Et personne ne reprenait le flambeau.

Cent cinquante mille naufragés, en danger de mort imminent, et personne pour se porter à leur secours.

J'ai filé à la gare pour rentrer chez moi. Je me sentais calme et paisible, comme mon capitaine, au milieu de l'œil du cyclone, quand le vent s'est soudain tu. Je savais qu'aux yeux de la compagnie quitter cette réunion avait valeur de démission. J'avais fait ce que je devais faire. Je m'étais levé, et j'étais parti, parce que j'avais senti, avec une force inouïe, que je n'avais pas d'autre choix. Je n'étais pas capable d'en analyser les conséquences, mais je savais que j'avais eu raison.

Je suis arrivé à la maison quelques heures plus tard. Karin, qui me connaît par cœur, a tout de suite vu qu'il s'était produit quelque chose d'important. Quand je lui ai annoncé que j'étais parti et que je voulais faire quelque chose pour tous ces gens qui se noyaient en

Méditerranée, j'ai vu dans son regard une seconde d'hésitation. Et puis elle a dit :

– OK, je comprends.

Le lendemain, après avoir longuement parlé tous les deux, nous sommes tombés d'accord. Non seulement elle me soutenait, mais elle s'embarquait avec moi dans cette aventure insensée, comme dans toutes celles que nous avions déjà vécues ensemble. J'ai appelé chacun de nos enfants pour leur expliquer ce qui se passait. Ils ont tous écouté, attentivement. Posé quelques questions. Et donné leur accord. Avant de raccrocher, Pia m'a murmuré :

– Merci papa.

14

Siete pazzi
(vous êtes fous)

J e ne savais pas quoi faire. Pour commencer, j'ai passé des heures et des heures
sur Internet à lire tout ce que je pouvais
trouver sur la situation des migrants en
Méditerranée. J'ai été effaré. Je suis tombé
sur des sites qui donnaient des informations
depuis plusieurs années sur le drame qui se
joue aux frontières européennes. Comment
tout cela avait-il pu m'échapper depuis
si longtemps? Comment mon empathie
pouvait-elle avoir été aussi sélective? Un
rapport de l'International Organization for
Migration fait état de plus de vingt-deux
mille personnes disparues en Méditerranée depuis 2000. Sur l'animation graphique
du site du projet Migrants Files, on voit la
carte de la Méditerranée se couvrir d'impacts

rouges, jusqu'à disparaître par endroits.
Chaque point indique un lieu où un bateau
s'est abîmé et où des gens ont disparu. Cette
mer est devenue un cimetière, sous nos yeux,
sans que nous nous en rendions compte.

J'ai découvert avec horreur l'histoire du
left-to-die-boat, triste fantôme du *Saint-
Louis.* En mars 2011, pour fuir la Libye
ravagée par la guerre, soixante-douze
personnes – hommes, femmes, enfants –
venues du Ghana, du Soudan, d'Éthiopie et
du Niger quittent les côtes libyennes sur un
bateau pneumatique. Après quelques heures
de navigation, le moteur tombe en panne. Le
bateau dérive, au milieu d'une mer constel-
lée de navires militaires européens chargés
d'assurer le blocus des armes en direction
de la Libye. Les passagers parviennent à
envoyer un signal de détresse. Leur embarcation est photographiée par un avion
militaire français, ravitaillée par un hélicoptère, approchée par un bateau. Mais tout
le monde repart, sans rien faire. Abandonnés de tous, ils continuent à dériver jusqu'à
se retrouver à leur point de départ : quinze

jours plus tard, ils accostent en Libye. Soixante-trois des soixante-douze passagers sont morts, de faim et de soif. Les neuf survivants ont été arrêtés et incarcérés par l'armée du régime qu'ils fuyaient.

Je ne comprenais pas, et je ne comprends toujours pas aujourd'hui, pourquoi ces histoires ne font pas la une des journaux et des actualités. Je ne comprenais pas, et je ne comprends pas, que personne ne s'insurge, ne manifeste, ne proteste, ne hurle. Ni les citoyens, ni les chefs d'État. Et moi pas plus que les autres.

Je lis aussi, avec désolation, en pensant à ceux de Spiekeroog, les témoignages des habitants de Lampedusa, impuissants, qui n'en peuvent plus que des milliers de personnes se noient au large de chez eux, et qui ne savent plus comment faire face à l'afflux des survivants. Je lis le portrait de Philippe Martinez, capitaine breton du *Leonard Tide*, un remorqueur qui travaille pour les plates-formes pétrolières off shore au large de la Libye, qui a récupéré plus de mille huit cents naufragés en perdition durant l'été. Je lis l'histoire du *Phoenix*, un navire de quarante mètres, affrété par l'organisation maltaise Migrant Organisation Aid Station (Moas) dirigée par l'ancien patron de la Marine maltaise, qui patrouille depuis plusieurs mois et qui a sauvé, lui aussi, des milliers de vies. Et je lis les détails de l'opération Triton, mise en place par l'Europe pour « remplacer » *Mare Nostrum,* dont le but premier est de protéger les côtes, en patrouillant à trente miles des côtes italiennes pour assurer une surveillance constante. Dans ce cadre, les bateaux mis en œuvre peuvent se porter au secours des naufragés si nécessaire. Mais aucun d'entre eux n'ira chercher les embarcations en détresse au large des côtes libyennes...

Plus je lisais, et plus l'idée s'imposait à moi : si les gouvernements européens et les grandes compagnies maritimes ne réagissaient pas, il fallait que la société civile européenne se mobilise. C'était à elle, à nous, citoyens, d'assurer les sauvetages en Méditerranée. C'était à nous de sauver ces gens.

Ce qu'il faudrait, c'est un grand bateau, pour aller les chercher. Avec des médecins, pour pouvoir les soigner. Comme le *Cap Anamur* ou *L'île de lumière*, autrefois, sur la mer de Chine. Une association civile, européenne, pour affréter ce grand bateau. J'ai cherché, longtemps, avant de trouver : ça s'appellerait SOS MEDITERRANEE, pour que tout le monde comprenne.

Je peux le faire. Je dois le faire.

Karin et moi avons décidé de partir pour Lampedusa. Pour comprendre, écouter ceux qui savent, chercher quoi faire et de quelle manière. Karin a demandé à son employeur un congé spécial, qu'il lui a accordé sans difficulté. Le jour où elle a expliqué à ses collègues pourquoi elle s'en allait, elle est revenue à la maison bouleversée : tous lui avaient apporté leur appui. Et certains l'avaient même remerciée.

J'ai commencé à parler de mon projet à mes proches, et j'ai été ému et touché de l'adhésion presque unanime et le soutien immédiat qu'il a remporté. Je me sentais à la fois fort et fragile ; écrasé par l'ampleur de la tâche et porté par l'enthousiasme qu'on me renvoyait. J'ai contacté Klaus, un ami de longue date, qui a été un temps directeur de l'association humanitaire Medico International, pour qu'il m'explique le fonctionnement des ONG. Nous nous sommes vus une fois par semaine pendant tout le mois de janvier.

J'ai aussi pris du temps pour discuter avec mon ami italien Pietro qui vit à Berlin, et avec mon frère Jakob et sa femme française Caroline, qui vivent à Paris : si ce bateau existe, il doit être européen, et pour ça, SOS MEDITERRANEE doit aussi prendre racines dans la société civile en Italie, en France, en Espagne, en Grèce…

Pietro m'a présenté sa tante, Valeria Calandra, positive et enthousiaste, dont j'ai fait la connaissance par Skype, en attendant qu'elle nous reçoive quand nous serons en Italie. Elle s'est empressée d'organiser pour nous une rencontre avec la maire de Lampedusa, Giusi Nicolini, et nous a mis en contact avec ses amis Paola et Melo, qui tiennent un petit Bed and Breakfast sur l'île.

Caroline, ma belle-sœur, me met en contact avec son amie Sophie Beau, de Marseille, qui a déjà travaillé de longues années pour des projets humanitaires en Afrique, au Proche-Orient et autour de la Méditerranée. Nous convenons d'une rencontre à Paris, chez mon frère. En quelques heures, c'est réglé : Sophie va s'embarquer avec moi et porter le projet depuis la France. Notre tandem franco-allemand devrait être efficace : sa grande expertise en matière humanitaire complétera bien mon expérience maritime. J'ai eu l'impression qu'elle s'engageait immédiatement et entièrement, et j'ai eu raison : grâce à elle, le développement européen de SOS a été rapide, et remarquable.

En attendant que nous trouvions des relais dans les autres pays d'Europe, Sophie me met en relation avec Médecins du Monde à Paris ; nous convenons qu'une petite délégation de chez eux, composée de Stéphanie, responsable de projet, et d'Ariane et Gilbert, tous les deux médecins membres de l'équipe de direction, nous rejoindront à Lampedusa pour analyser la situation.

Plusieurs fois, durant cette période un peu folle où tout se bousculait dans ma tête, on m'a demandé s'il ne serait pas plus utile de lever des fonds pour une association humanitaire déjà existante. Bien sûr, je me suis posé cette question. Pour moi, la réponse est claire : aucune organisation existante ne proposait un engagement permanent de la société civile pour le sauvetage des vies humaines en Méditerranée. Je ne voulais pas financer un projet limité dans le temps et dans l'espace, pour un simple bateau de sauvetage allemand, ou français, ou de n'importe quelle autre nationalité. SOS MEDITER-RANEE devait engager la responsabilité de la société européenne. Avec ce projet, les peuples d'Europe prendraient une part active aux sauvetages en Méditerranée. SOS MEDITERRANEE se devrait non seulement de sauver des vies, mais aussi d'assurer une présence, constante, sur cette mer.

Les citoyens ne peuvent pas abandonner à leurs hommes politiques, à leur gouvernement, à leur administration, à leur armée, à leurs polices des frontières, ce qui se passe là-bas. La présence à long terme de la société civile européenne est indispensable pour transformer durablement la Méditerranée en espace de paix et d'humanité. SOS MEDITERRANEE doit prendre sa part, et être le témoin et le garant de cette mer. Comme en mer du Nord et en mer Baltique ou des centaines de volontaires s'engagent depuis des années pour l'humanité et la sécurité.

Le 17 mars 2015, Karin et moi partons pour la Sicile. À Palerme, nous rencontrons Valeria pour la première fois, qui nous présente son fils Eugenio et quelques-uns de ses plus proches amis. Le lendemain, départ pour Lampedusa.

Je voulais absolument y arriver par la mer, pour traverser le détroit, me rendre compte de la côte et comprendre le fonctionnement des ports. Nous prenons donc le bus de Palerme à Agrigente, pour embarquer à Porto Empedocle vers 23 heures à bord du *Sansovino,* un gros ferry de deux cents mètres pour passagers et voitures, qui effectue régulièrement la rotation vers Linosa et Lampedusa. Cette nuit-là, le bateau est presque vide, chargé seulement de quelques camions, de leurs chauffeurs et d'une poignée d'habitants des îles. Nous sommes les seuls «touristes», perdus au milieu de ce ferry fantomatique. En me baladant dans les coursives désertes de ce bateau beaucoup trop grand pour un soir de fin d'hiver, je me dis que tout est très bien organisé en Méditerranée. Sauf le sauvetage pour les réfugiés.

Après neuf heures et demie de traversée, nous approchons de Lampedusa, le point le plus au sud de l'Europe. Nous accostons sur l'unique quai du petit port, et je réalise que si nous trouvons un grand bateau comme celui dont je rêve, il faudra lui choisir un autre port d'attache : ici, il n'y aura pas de quai disponible pour nous.

Il n'est que 8 h 30, mais Paola et Melo nous attendent sur le port, pour nous accueillir à bras ouverts. Nous faisons très vite connaissance. Paola est juriste, membre d'Amnesty International depuis de nombreuses années, et Melo est un marin qui a été longtemps skipper sur ces grands bateaux à voiles qui sillonnent la Méditerranée. Ils se sont installés sur l'île il y a six ans, pour être sur place et aider les réfugiés qui arrivent. Ça me touche infiniment. À quoi pensais-je, moi, il y a six ans? Cher professeur Vierhaus, combien de temps faut-il pour qu'un horizon de pensée s'ouvre, et trouve un champ d'action possible?

Ces deux-là sont au bout du rouleau. Assis dans leur magnifique salon avec vue sur la mer, en fumant cigarette sur cigarette, et sans perdre de vue l'écran de l'ordinateur, branché sur un site maritime indiquant le mouvement des bateaux autour de Lampedusa, ils racontent le déferlement de détresse absolue auquel ils assistent depuis des mois. Le nombre de migrants qui a explosé en 2011, quand la guerre a éclaté en Libye. Les arrivées de naufragés hagards, dans un état indescriptible, la construction du camp de réfugiés, un petit peu plus loin sur l'île. Les corps sur la plage, après les naufrages, et même parfois la découverte d'os humains dans le sable. Les tombes sans nom, dans le cimetière d'à côté que Paola entretient et fleurit avec beaucoup d'attention. Les deux bateaux de la garde côtière de l'île, bien trop petits avec leurs vingt-quatre mètres de long, qui quittent le port à chaque appel de détresse en embarquant à bord un médecin et un sauveteur de l'Ordre de Malte. Par temps calme, ils mettent six à huit heures pour arriver sur zone. Et le même temps interminable pour ramener les rescapés jusqu'au port.

Paola et Melo disent aussi leur désespoir à l'annonce de l'arrêt de *Mare Nostrum*. Leur épuisement d'être au milieu d'une si grande catastrophe et de pouvoir faire si peu. Leur sentiment d'isolement, et d'être abandonnés de tous.

Quand j'explique qu'on espère revenir, bientôt, avec un grand bateau, ils nous regardent avec des grands yeux, comme s'ils n'en croyaient pas leurs oreilles. Je vois bien qu'ils n'arrivent pas à imaginer que c'est possible.

Le jour suivant nous récupérons Stéphanie, Ariane et Gilbert, de Médecins du Monde, arrivés de Paris, et nous faisons ensemble le tour de l'île pour avoir une idée de la situation. Après quoi nous allons nous présenter,

tous les cinq, à la mairie de Lampedusa
pour rencontrer madame le maire, Giusi
Nicolini. On nous avait conseillé d'arriver
vers 5 heures, pour avoir une chance qu'elle
puisse nous accorder un peu de temps. Elle
était au téléphone, avec des journalistes, puis
des responsables politiques, puis la garde
côtière, puis des responsables d'association.
Nous avons attendu. Quand elle a enfin
raccroché, il était 7 heures et demie passées.
Tout le monde était parti de la mairie, et la
nuit commençait à tomber. Elle nous a fait
entrer dans son bureau faiblement éclairé et
j'ai réalisé qu'aucun de nous cinq ne parlait
italien. J'ai puisé dans ma mémoire le peu
de vocabulaire rescapé de l'année que nous
avions passée à Rome, Karin, les enfants et
moi, pour lui expliquer que nous envisagions
de revenir, bientôt, avec un grand bateau et
des médecins, pour aller sauver les réfugiés
en mer. Un grand bateau civil, européen.

Giusi Nicolini semblait épuisée, elle aussi,
mais elle m'a écouté avec beaucoup d'intensité. J'ai vu qu'elle était émue. Quand je me
suis tu, le silence s'est installé dans le bureau.

Elle nous a regardés, l'un après l'autre, avant
de dire :
— *Siete pazzi.*
Vous êtes fous.
— *Siete pazzi, ma sono con voi.*
Vous êtes fous, mais je suis avec vous.

Le lendemain, madame le maire nous
présente son équipe et nous confie à la
personne chargée des questions sociales et
médicales sur l'île, un sympathique radio-
logue à la retraite. Il nous explique l'organisation du système médical sur l'île, et nous
suggère d'aller jeter un œil à l'entrée du camp
d'accueil des migrants, une zone militaire
dans laquelle personne – même pas le maire
– ne peut pénétrer sans autorisation. C'est
très facile à trouver : à quelques encablures
du port, caché dans le plus sinistre endroit
de l'île, au fond d'une vallée sombre dans
laquelle on aurait plus facilement imaginé
trouver une décharge à ordures. Les
bâtiments sont neufs et propres, entourés
de barbelés et gardés par du personnel de
sécurité. Mais à quelques dizaines de mètres
à peine de l'entrée principale, une petite porte

de côté, grande ouverte, laisse entrer et sortir les réfugiés, sans contrôle.

Nous poursuivons notre visite en nous rendant dans l'unique polyclinique de l'île, qui sert à la fois d'hôpital et de cabinet médical. Un seul médecin vit en permanence ici ; les spécialistes arrivent de Palerme par avion le matin, et repartent le soir, une ou deux fois par semaine.

Nous improvisons une réunion avec les médecins, les infirmières, les aides-soignants de la petite clinique. Ils nous décrivent l'état épouvantable dans lequel débarquent les migrants, après la longue navigation effrayante dans les bateaux pneumatiques et les six ou huit heures de trajet dans le petit bateau de la garde côtière, le plus souvent à l'extérieur, sur le pont, exposés au soleil l'été, au froid le reste du temps. La plupart sont épuisés, déshydratés, terrifiés, brûlés par le sel et parfois aussi par le fioul du moteur de leurs embarcations. Il y a des femmes enceintes, des nourrissons, des enfants, des vieillards… Mais le plus souvent ce sont des hommes. Une des infirmières au regard ardent nous explique :

– Ils sont jeunes. Ce sont des hommes jeunes et forts. Mais après leur long séjour en Libye et des heures de bateau, ils arrivent dans un état de faiblesse qu'on ne peut pas imaginer.

Dépourvus de tout équipement, le médecin et le sauveteur de l'Ordre de Malte embarqués dans le petit bateau de secours de la garde côtière ne peuvent pas faire grand-chose d'autre que les gestes d'urgence absolue si nécessaire – il arrive que les naufragés soient en grave hypothermie, ou blessés, avec des plaies ouvertes ; il arrive même que des femmes soient sur le point d'accoucher – et installer les plus mal en point à l'intérieur, distribuer de l'eau potable et des paroles réconfortantes, en attendant de pouvoir les débarquer et les transporter le plus vite possible vers la petite clinique de l'île.

Quand ils ont terminé de nous raconter, je leur expose notre projet avec les quelques mots de vocabulaire de mon pauvre italien : un bateau grand, civil, équipé, qui croiserait pas loin des côtes de Libye, équipé de deux canots de secours rapides, d'un petit hôpital avec tous les équipements de base, et une vraie équipe médicale. Nous pourrions recueillir au moins cinq cents personnes, et l'équipe médicale pourrait commencer à prendre soin d'elles dès qu'elles seraient à bord.

Quand je me suis tu, l'infirmière au regard si profond a murmuré :

– *It would be a dream. À crazy dream...*

Elle aussi nous prenait pour des fous. Mais moi, plus les heures avançaient, plus je les écoutais, et plus j'ancrais notre projet dans la réalité. Non, je ne rêvais pas. Nous allions trouver ce bateau et l'amener bientôt jusqu'à Lampedusa. Très bientôt. J'en étais sûr.

Le lendemain, nous avons retrouvé Guisi Nicolini et son secrétaire Mauro Seminara, et puis l'instituteur qui, accompagné de bénévoles de la Croix Rouge, se charge de distribuer aux réfugiés, dès leur arrivée sur le port, du thé chaud et des vêtements secs. Et aussi l'équipe médicale de l'Ordre de Malte, dans leur petit local perché sur la colline à deux pas du port, d'où elle peut rejoindre le bateau de secours en deux temps trois mouvements à chaque alerte. L'équipe de Médecins du Monde a repris le vieil avion à hélices pour rejoindre Palerme, et rentrer à Paris. Nous avons reçu une visite adorable de Mauro, sa jeune épouse et leur petit bébé, accompagnés de Don Mimmo, le curé de l'île. Et nous avons passé un dernier jour avec Paola et Melo, comme de vieux amis, avant de reprendre le ferry pour la Sicile.

De retour à Palerme, nous avons retrouvé Valeria, qui nous a présenté d'autres amis, très actifs dans l'accueil des migrants. Parmi eux, un homme exceptionnel, grâce à qui nous avons vraiment compris ce que signifie traverser la Méditerranée sur un bateau de réfugiés.

Fatah est érythréen. Il parle très bien l'italien et l'anglais, et dirige un petit centre de soins pour les plus démunis à Palerme, où il vit depuis plus de dix ans. Il nous a fait visiter l'endroit et présenté les gens avec qui il travaille. Il nous a si bien expliqué les choses que nous avons décidé de retourner le voir le jour suivant, Karin et moi. C'est là qu'il nous a raconté son histoire.

C'était en 2003, ou 2004. À quoi pensais-je donc, à cette époque-là ? Fatah a fui la guerre civile de son pays. Après un long périple à travers plusieurs pays, il est arrivé en Libye. Il a réalisé très vite que c'était beaucoup trop dangereux de rester là-bas, et s'est retrouvé embarqué dans un petit bateau en bois, avec quatre-vingt-neuf autres réfugiés avec pour objectif d'arriver en Sicile ou à Lampedusa. Pas d'instrument de navigation, personne qui sache naviguer, et une seule indication : « C'est tout droit, en face. »

Au bout de trois jours de traversée, le moteur est tombé en panne. Ils se sont mis à dériver. Les vivres et l'eau ont commencé à manquer. Ils ont croisé un bateau de pêche qui s'est approché, les a vus, avant de se détourner d'eux.

– Plusieurs fois des petits bateaux étaient tout près. Même un beau voilier de touristes, un jour. Mais personne n'a rien fait pour nous. Personne.

Les premiers d'entre eux ont commencé à mourir de déshydratation. Certains se sont jetés à l'eau pour échapper à la brûlure du soleil, sans pouvoir remonter à bord.

D'autres ont bu de l'eau de mer, et en sont morts. Son meilleur ami, un Somalien, est mort lui aussi. Sous ses yeux.

Après qu'ils ont dérivé presque deux semaines, un hélicoptère est passé au-dessus de leurs têtes. Fatah était à peine conscient. Il était certain qu'il allait repartir, comme tous ceux qu'ils avaient croisés les jours d'avant. Il est reparti. Mais il est revenu, «comme un ange», et puis un bateau est arrivé, et finalement ils ont été sauvés.

Dix-sept. Ils n'étaient que dix-sept survivants, sur les quatre-vingt-dix passagers.

– Le sauvetage, c'est l'exception…

Le sauvetage, c'est l'exception. Pour lui, c'est une certitude. Une réalité. Insupportable.

À Palerme, Valeria nous a aussi présenté son père, un très vieux monsieur de 97 ans, architecte charmant et cultivé. Il était très faible et parlait très peu, mais il nous a écoutés avec toute l'attention que lui permettait son grand âge. Lui aussi semblait penser que ce grand bateau dont nous parlions était indispensable, même si c'était un rêve. Avant que nous partions, Valeria nous a raconté, à demi-mot, qu'il était horrifié que cette mer qu'il aimait tant et au bord de laquelle il avait vécu toute sa vie se soit transformée en un effroyable cimetière. Et que, cinq ans plus tôt, il avait pris une décision, amère dans ce qui la motivait, à laquelle il n'a plus jamais dérogé :

– Il ne veut plus manger le poisson pêché dans ces eaux-là.

Il me faut ce bateau.

15

SOS

Nous sommes rentrés de Sicile les derniers jours du mois de mars. Karin a rejoint son poste à l'hôpital, et moi je me suis mis au travail. Tout était clair dans ma tête : nous avions un mois pour poser les bases du réseau SOS MEDITERRANEE, à partir d'une première association, allemande, tout en œuvrant pour que d'autres branches se développent dans d'autres pays européens.

Le 6 avril, chez nos amis Klaus et Jutta, je fais la connaissance de la fille de très bons amis à eux. Après avoir travaillé en Inde et en Thaïlande, Lea termine des études spécialisées en droits de l'homme. Quand elle a entendu Klaus et Jutta parler de notre projet, elle a absolument tenu à me rencontrer ; ils l'ont invitée à venir boire le thé avec nous. Elle me bombarde de questions curieuses et enthousiastes, et puis me regarde droit dans les yeux et me demande :

– Qu'est-ce que je peux faire ?

Voilà comment Lea Main-Klingst est devenue ma première assistante bénévole à plein temps : pendant les cinq mois qui ont suivi, elle m'a épaulé avec efficacité et enthousiasme.

Quinze jours plus tard, je me suis à nouveau envolé pour la France, pour rencontrer Sophie et un groupe d'une trentaine d'amis à elle et de bénévoles français auquel elle voulait qu'on présente le projet. J'ai fait le voyage vers Marseille avec un peu d'appréhension : comment ces gens que je ne connaissais pas allaient-ils réagir ? Quelles réponses serais-je capable d'opposer à leurs critiques et à leurs interrogations ? Je pouvais leur raconter ce que j'avais vu à Palerme et à Lampedusa, mais qu'avais-je de précis à leur proposer ? Sophie avait besoin d'eux pour créer la branche française de SOS MEDITERRANEE. L'enjeu était capital : nous devions les convaincre...

À Marseille, j'ai fait la connaissance du mari de Sophie, Fayez, ancien médecin urgentiste de Gaza, et de leurs charmants enfants. Quand nous sommes arrivés dans la petite salle de la Villa Méditerranée, où devait se tenir la réunion, elle était pleine à craquer. J'avais le trac. Par expérience, je savais qu'un public peut être très critique. Comment affronter nos éventuels détracteurs ?

Je n'aurais pas dû m'inquiéter. Tous nous ont écoutés avec une attention profonde, presque palpable. Et, quand nous avons eu fini de parler, j'ai été touché, et même un peu bouleversé, par la force avec laquelle tous les participants nous ont assurés de leur soutien, et même, pour certain d'entre eux, de leur gratitude. Plusieurs ont dit à quel point ils étaient soulagés de pouvoir, enfin, faire quelque chose et prendre leur responsabilité de citoyens. Et moi, j'ai senti un grand et merveilleux soulagement de ne plus être seul avec ce projet.

Le 12 avril, avant de rentrer à Berlin, je suis passé par Paris pour rencontrer l'équipe dirigeante de Médecins du Monde. Pendant que je survolais la France, un bateau chargé de cinq cent cinquante migrants s'abîmait au large de Reggio Calabria, à quelques miles des côtes de Sicile. Seuls cent cinquante d'entre eux ont pu être sauvés. Le dimanche suivant, c'était au tour d'un chalutier qui transportait huit cents personnes de chavirer après être entré en collision avec le cargo portugais venu lui porter secours. On a compté moins de trente survivants.

Ces bateaux n'ont même plus de nom, comme s'ils n'existaient pas. Et personne ne connaît celui de la plupart des gens qui se noient. Ils sont engloutis, à jamais, sans qu'on puisse ni les nommer, ni même les compter.

C'est une urgence absolue. Il faut arrêter l'hécatombe. Il nous faut ce bateau.

Pendant ce temps, en Allemagne, Lea a enrôlé son amie Cora, sa sœur Gianna, et quelques autres supporters. Le 4 mai, elle organise une réunion dans l'appartement de ses parents à Berlin-Steglitz : ensemble, avec trois familles, une douzaine de membres fondateurs dont nos deux fils, Max et Lukas, nous créons SOS MEDITERRANEE Allemagne.

Cinq jours plus tard, le 9 mai, jour de l'Europe, exactement cent cinquante ans après la fondation de la société de sauvetage en mer allemande créée en 1865, Sophie, Pietro, Fatah et moi annonçons la fondation du réseau européen SOS MEDITER-RANEE dans une salle de la *Haus der Kulturen der Welt* de Berlin, généreusement prêtée par son directeur. Une cinquantaine de personnes ont répondu à notre invitation : des Français, des Italiens, des Grecs, des Allemands. Ensemble, conscients de la grande responsabilité à laquelle nous nous engageons, nous signons officiellement la Charte de l'association. C'est une journée sérieuse et grave. Nous mesurons tous l'importance et l'urgence de ce que nous sommes en train de faire. Ce grand rêve-là ne sera pas facile à réaliser…

Durant cette période, souvent, je me réveille la nuit, en sueur, affolé par l'ampleur de la tâche. Et il me faut de longues minutes, des heures parfois, pour faire taire la petite voix intérieure qui me dit :

– Tu t'attaques à un tigre, et il va tous vous tuer.

Nous avons ouvert un compte en Allemagne et commencé à recevoir les premières contributions. La toute première donatrice est ma nièce Eva, 16 ans, qui a donné tout son argent de poche du mois sans que personne ne lui ait rien demandé. Les enfants de nos voisins, qui ont entendu parler du projet, ont lancé une collecte dans le quartier et ont fait du porte-à-porte pour vendre des petits objets qu'ils avaient confectionnés pour l'occasion. En une semaine, ils ont réuni une somme impressionnante.

Aujourd'hui encore, quand je me souviens de cette période, je ne peux pas penser sans émotion que ce sont des enfants, des adolescents et de très jeunes adultes qui ont été les premiers à nous emboîter le pas, sans hésiter un instant, et à la mesure de leurs moyens. Une manière, pour eux, de contribuer au monde qui sera le leur, et qui sera, je l'espère, un monde de plus en plus vivant, ouvert, humain, et paisible.

Je savais bien que ces contributions, si précieuses soient-elles, ne suffiraient pas pour armer un gros bateau. Je me suis mis à chercher de plus gros donateurs. J'avais dans la tête l'idée que si je trouvais cent personnes qui donnaient chacune mille euros, nous disposerions des cent mille premiers euros qui correspondaient à dix pour cent du prix d'achat d'un bateau. Cet apport initial devrait nous permettre d'emprunter le reste… En quelques semaines, nous avons trouvé les vingt-cinq premiers donateurs, et puis d'autres sont venus les rejoindre, dont un de mes anciens collègues de Hapag-Lloyd, ce que m'a fait chaud au cœur. En voyant arriver cet argent si lentement, nous nous prenions à rêver de trouver un mécène formidable, qui nous offrirait carrément un bateau. Après tout pourquoi pas? J'ai croisé, dans certains ports, des yachts de luxe pour les prix desquels on pourrait acheter dix ou quinze bateaux comme celui dont nous avions besoin…

Mais ça ne s'est pas (encore) produit. Notre projet se précisait de plus en plus, mais, malgré l'urgence de la situation, nous n'avions ni le bateau, ni l'argent pour commencer quoi que ce soit. C'était crucial, pourtant, d'aller vite : nous savions qu'avec l'été qui approchait, les bateaux de réfugiés seraient de plus en plus nombreux... Même si les militaires européens avaient commencé à patrouiller en Méditerranée, même si Médecins sans frontières avait envoyé à son tour le *Bourbon Argos*, et le *Dignity I* en renfort du *Phoenix* de la Moas, je savais, nous savions, que cela ne suffirait pas. J'espérais toujours être opérationnel dans deux ou trois mois, avec notre grand bateau de sauvetage.

Le 2 juillet 2015, Leo, notre premier petit-fils est venu au monde. J'ai à peine trouvé le temps d'aller l'embrasser et de féliciter ses parents, Lena et Pekka, avec qui j'étais pourtant de tout cœur. Ce jour-là, j'étais sur le port de Pula, en Croatie, pour visiter le *Markab*, un cotre pilote, que j'avais trouvé à vendre ou à louer sur Internet. Je connaissais ce bateau-pilote, basé dans l'estuaire de l'Escaut : je passais par là, avec les cargos que je dirigeais, à chaque fois que je faisais escale à Anvers.

Le choix du bateau était capital : il fallait pouvoir compter sur lui, même en cas de sauvetage difficile, et même si les choses tournaient mal... Le *Markab*, qui avait appartenu à l'association des bateaux-pilotes, était une embarcation robuste d'un peu moins de 30 ans, en service dans la mer du Nord pendant de nombreuses années. Il semblait parfaitement adapté pour commencer une deuxième vie de bateau de secours en Méditerranée. J'ai pu en discuter en détail avec un technicien de l'association qui l'avait beaucoup pratiqué, et qui m'en a dit le plus grand bien. Mais j'étais aussi accompagné d'Erwin, un ancien capitaine sauveteur en poste pendant des années en mer Baltique, de Achim et Jens, deux mécanos expérimentés, et de Marie-Laure, logisticienne en chef de Médecins du Monde venue spécialement de Paris pour vérifier que le bateau correspondait à nos besoins. Nous étions tous d'accord : le *Markab* pourrait très bien faire

l'affaire. Restait à trouver comment le financer… Pendant que Leo faisait son entrée
dans le monde, notre rêve semblait pouvoir
enfin prendre corps.

Mais les choses ne vont pas toujours
comme on l'espère. À la fin du mois de
juillet, nous n'avions pas bien avancé dans
la collecte des fonds. Nous n'avions pas
assez de trésorerie pour emprunter de quoi
acheter et affréter le *Markab*, et les proprié-
taires refusaient de nous le louer, sous
prétexte que les opérations de sauvetage
auquel nous le destinions représentaient un
trop grand risque. Le seul moyen de dispo-
ser de ce bateau, c'était d'attendre d'avoir
les moyens de l'acheter, ce qui repoussait
nos délais d'action de plusieurs mois. Avant
de nous lancer dans un tel investissement,
il nous fallait du temps – beaucoup trop
de temps – pour être sûr que c'était le bon
navire, le tester, l'équiper. Plus j'additionnais
le coût vertigineux de toutes ces opérations
et moins je voyais comment nous pourrions
y arriver…

Début septembre, le monde entier s'est ému de la photo du petit Aylan, un enfant syrien, échoué sur une plage turque après s'être noyé dans le naufrage d'un bateau de migrants. L'horizon de pensée mondial était-il enfin en train de s'ouvrir?

La polémique a enflé pour savoir si l'enfant s'était bien noyé là ou un peu plus loin, si la photo était une manipulation, et de quel bord étaient ses parents. Je ne voulais rien savoir de tout ça. Ce n'est pas à moi de juger des circonstances qui poussent ces gens, par milliers, à prendre le risque de traverser la mer dans des embarcations de fortune, totalement vulnérables. Ils ont sûrement de très fortes raisons de prendre des risques si monstrueux, pour eux et pour leurs familles. Mon travail à moi, notre travail d'humains, c'est de les empêcher de se noyer. D'arrêter cette abominable hécatombe, coûte que coûte.

Quelques jours plus tard, je reçois un appel de nos amis de Sea Watch, une association allemande, qui croise depuis le mois de mai en Méditerranée avec un petit bateau de pêcheur.

Ils sont débordés, les bateaux sur place ne suffisent pas à parer à l'urgence. Déjà, à la fin du mois de juillet, Matthias Kuhnt, un des fondateurs, m'avait écrit dans un mail déchirant : « *Klaus, nous avons un besoin urgent que vous veniez nous rejoindre sur place. Chaque nouveau bateau sauvera des vies immédiatement. Nous vous attendons avec force.* »

Ils nous attendent, avec force… Je le sais et je voudrais être avec eux, mais je n'ai absolument rien de concret à leur proposer.

Seul progrès réel, le 11 septembre 2015 à Marseille, SOS MEDITERRANEE France, créé trois mois plus tôt, lance une levée de fond. Le succès immédiat de cet appel à soutien, via un site de financement participatif, est très encourageant : c'est la preuve qu'une forte mobilisation de la société civile est possible.

En Allemagne, nous redoublons d'efforts avec l'aide de Gerd Knoop, un ancien ingénieur maritime et chef de projet, très expérimenté, qui travaille depuis Brême à former une équipe professionnelle et

opérationnelle d'encadrement de navigation. Par ailleurs, avec l'aide précieuse d'un
dirigeant à la retraite d'une grande entreprise
allemande, qui a décidé de nous aider dans
nos négociations et nous prête une caution de
trois cent mille euros qui devrait faciliter les
transactions, nous commençons à négocier
un éventuel crédit avec une banque maritime
de Brême. Mais les mauvaises nouvelles
s'enchaînent : l'étude approfondie du *Markab*
révèle qu'il a besoin d'un séjour dans un
chantier naval pour une remise à neuf, ce qui
implique un budget supplémentaire que nous
n'avons pas. Sans compter que, pendant tout
ce temps de réparation, le bateau ne serait
pas disponible pour le sauvetage. Et pour
couronner le tout, la banque nous informe
que, pour obtenir le crédit que nous envisa-
geons, il nous faudrait fournir une caution
faramineuse, dont nous ne disposons pas.

Fin octobre, nous nous rendons à l'évidence : il faut abandonner définitive-
ment l'idée d'acheter le *Markab*, ou tout
autre bateau de cet âge, qui peut demander des réparations imprévues et coûteuses.

Financièrement, c'est trop risqué. La meilleure solution serait de trouver un bateau à louer, à un propriétaire qui n'aurait pas peur de l'usage que nous voulons en faire.

J'ai un gros coup de blues, et l'impression de retourner à la case départ. Je voulais être en mer depuis juillet. Non seulement ce n'est pas le cas, mais nous n'avons même pas trouvé le bateau ! Heureusement notre fils Lukas est à mes côtés pour me soutenir. En septembre, quand Lea est partie finir ses études, il a fait une pause dans sa formation d'ingénieur et de management européen pour prendre la relève. À son tour, il m'assiste avec énergie et efficacité et, dans ces moments difficiles, il m'est d'une aide précieuse.

Dix jours plus tard, je reçois un e-mail de Gerd : dans le port de Sassnitz, sur l'île de Rügen, dans la mer Baltique, il y a un bateau à visiter. C'est un patrouilleur de pêche de soixante-dix-sept mètres, qui a travaillé à l'année dans la mer du Nord pour l'État allemand sous le nom de *Meerkatze,* avant d'être rebaptisé *Aquarius.* Il est équipé de deux canots de sauvetage rapides, et nous pourrions facilement y installer un espace médical. Une fois équipé, l'*Aquarius* nous permettrait de transporter jusqu'à cinq cents réfugiés.

Nous le visitons ensemble. Une fois, puis deux. C'est un beau et grand bateau, bien équipé qui semble convenir parfaitement. Nous commençons les tractations avec le propriétaire, à qui il faut expliquer notre projet, et les aménagements qui nous seraient nécessaires, sans l'effrayer. Après une première réaction étonnée – l'*Aquarius* est un patrouilleur, qui n'a jamais transporté un si grand nombre de voyageurs, et encore moins de réfugiés – il est plutôt partant. Nous faisons les comptes : location avec équipage, coût de nos équipes, gasoil, équipements de sauvetage et tous autres frais inclus, le bateau nous coûterait onze mille euros par jour. Pour signer une première période de trois mois, nous avons besoin de huit cent cinquante mille euros. Depuis la création des deux associations, nous avons récolté trois cent soixante-cinq mille euros de dons et trois cent dix mille euros de promesses supplémentaires. Si tout se poursuit au même rythme, c'est jouable.

Nous repartons dans des tractations interminables, des négociations, des explications, des projections, des organisations. SOS MEDITERRANEE existe depuis sept mois, et c'est comme si nous en étions au point de départ. Si, pour une raison ou pour une autre, nous ne signons pas le contrat de l'*Aquarius* il faudra repartir de zéro. Jusqu'au dernier moment, rien ne peut garantir que nous allons aboutir. Ce n'est pas une mince affaire, de s'engager pour un bateau si grand, qui coûte si cher. Nous avons discuté et rediscuté avec les équipes pendant des heures avant d'être sûrs que nous étions prêts à prendre le risque. J'étais partant, Gerd et Sophie aussi ; l'équipe française a suivi : au bout de deux semaines, tout le monde est tombé d'accord. Nous voulions ce bateau. Vite.

D'après le bilan de l'année du MRCC de Rome, plus de cent quatre-vingt mille hommes, femmes et enfants auront traversé la Méditerranée centrale entre la Libye et l'Europe à la fin de l'année 2015. Parmi eux, plusieurs milliers se sont noyés, sans que personne ne puisse dire combien exactement.

Le 22 décembre, nous signons, au nom de SOS MEDITERRANEE, un contrat d'affrètement de *l'Aquarius* pour trois mois et demi. Il sera à notre disposition, dans le port de Mukran, sur l'île de Rügen, en mer Baltique, à partir du 15 janvier. Au début du mois de mai, je pensais qu'il nous faudrait deux ou trois mois pour commencer. Il nous en a fallu cinq de plus. Presque huit mois pour que notre projet puisse enfin voir le jour mais cette fois-ci, ça y est : nous allons vraiment retourner à Lampedusa, avec un grand bateau. Un très grand bateau, fort et solide, qui pourra commencer les opérations de sauvetage en plein hiver et rester en mer pendant toute l'année.

C'est peut-être complètement fou, mais ce n'est plus du tout un rêve.

16

L'*Aquarius*

Ce Noël 2015 a été un drôle de Noël. Après une année de travail acharné, j'étais à bout de forces et j'avais besoin d'une pause. Mais ce n'était pas du tout le moment : j'étais complètement absorbé par tout ce qui restait à faire avant le départ de l'*Aquarius*. Le temps, qui s'était écoulé si vite depuis le moment où je m'étais mis en quête d'un bateau, s'accélérait encore d'une manière vertigineuse. D'ici au 15 janvier, il fallait penser à tout, et tout préparer sans rien oublier. Mettre en place le contact avec l'armateur et l'organisation du bateau, choisir et préparer les équipes, coordonner l'organisation administrative et opérationnelle de SOS et de Médecins du Monde, superviser l'équipement du bateau et le planning des rotations et des escales techniques, et régler les mille questions qui surgissent chaque fois qu'il faut prendre une décision...

Je devais, en plus et avant tout, rester très concentré sur la préparation de la procédure des opérations de secours. Un sauvetage en mer est toujours très délicat, pour les personnes en détresse et pour l'équipage. Comment pouvions-nous prendre le maximum de précautions pour éliminer tous les risques inutiles, tant pour les naufragés que pour les sauveteurs?

Un soir, je me suis senti complètement épuisé. J'ai craqué devant mon fils :

– Lukas, je n'en peux plus. Je ne vais jamais y arriver.

Il m'a réconforté, avec tendresse et force. Comme si, pour un instant, c'était lui, le père, et moi l'enfant...

Comme chaque année, nous avons passé les fêtes en famille, tous ensemble. Leo, notre petit-fils, était avec nous pour son premier Noël. Mais moi, je n'étais pas vraiment là. Lorsque Pia m'a demandé si nous pouvions commencer à déchiffrer les partitions qu'elle m'avait offertes en cadeau, pour que nous puissions jouer ensemble, elle au piano et moi au violoncelle, j'ai dû lui expliquer que j'étais trop fatigué pour m'y atteler. Je me suis même surpris à refuser de prendre dans mes bras notre petit Leo : j'ai eu peur de l'effrayer, parce que nous nous étions très peu vus et que nous n'avions pas eu le temps de faire connaissance depuis sa naissance, en juillet.

Je n'avais pas non plus pris le temps d'expliquer aux enfants de nos voisins, qui s'étaient mobilisés quelques mois plus tôt pour récolter de l'argent pour le projet, où nous en étions et ce que nous allions faire de cet argent. Ni à nos membres et premiers donateurs qui, réunis un jour avant le départ, ont découvert avec perplexité et un peu d'étonnement l'état d'avancement de SOS.

Ils avaient tout à fait raison d'être perplexes : à quoi sert de prétendre sauver le monde si on n'est même pas capable d'être attentif à ses proches ? Ni d'être un bon compagnon, un bon père, un bon grand-père, un bon ami, un bon voisin ?

Au moment où les choses semblaient enfin se mettre en place, j'étais tourmenté et inquiet de ne pas être à la hauteur de toutes ces responsabilités dans lesquelles je m'étais engagé. En plus de faire prendre un gros risque à ma famille, j'avais l'impression de naviguer à vue, sans aucune autre certitude que des centaines, et même des milliers de gens étaient en danger de mort absolu et qu'ils avaient besoin de ce bateau. Et que, sans nous connaître et sans le savoir, ils comptaient sur nous.

Dans la troisième semaine de janvier, je suis allé à Mukran, pour rencontrer les onze membres qui composent l'équipage professionnel de l'*Aquarius*. Je me suis présenté à eux, qui ont l'habitude de transporter des marchandises, ou des chercheurs, ou des techniciens qui interviennent sur les plates-formes pétrolières ou sur les éoliennes off-shore, pour leur expliquer que nous allions, ensemble, tenter de sauver des vies. La compagnie maritime est allemande, mais les officiers sont polonais et lituaniens, les machinistes ukrainiens, biélorusses, les matelots philippin et ghanéen, le cuisinier indonésien et son aide ghanéen. Le capitaine leur a demandé, à chacun, s'ils étaient d'accord pour travailler pour nous. Ils avaient la possibilité de refuser, mais je ne sais pas très bien dans quelle mesure cela peut nuire à leur carrière. Officiellement, ils sont tous volontaires pour être là mais je sens bien un enthousiasme très disparate d'une personne à l'autre. Ça ne m'inquiète pas. Je suis sûr que je parviendrai à les fédérer autour de moi, comme ça a été le cas avec tous les équipages avec lesquels j'ai navigué jusqu'alors. Et je suis certain que ce que nous allons accomplir ensemble finira par les rallier tous à notre cause.

Comme à mon habitude, je leur parle avec franchise et honnêteté. Pour moi aussi, une opération de sauvetage de cette envergure est une première. Nous sommes donc tous débutants en la matière. Mais nous sommes tous des marins aguerris, régulièrement entraînés à faire des exercices de sauvetage. Parmi tous les défis que nous avons appris à relever dans nos parcours respectifs, nous savons comment sauver des gens en mer.

Je leur explique que ces mois derniers, j'ai rencontré plusieurs sauveteurs expérimentés, des équipes de sauvetage et des médecins humanitaires. En particulier à Malte, où nous nous sommes rendus avec une équipe de SOS à bord du *Phoenix,* le bateau de secours de la Moas. Là-bas, nous avons rencontré Will Turner, le coordinateur des secours, qui m'a expliqué que, si nous nous préparions correctement, la plupart des sauvetages ne pouvaient que bien se passer.

Il m'a aussi dit que je devais admettre que certains sauvetages seront plus difficiles que d'autres, et que nous ne pourrons pas toujours sauver tout le monde, en particulier en cas de problèmes techniques, ou si les naufragés se laissent gagner par l'affolement. Mais ça, je l'ai gardé pour moi.

Will et moi devions nous revoir dans les prochains jours à Wilhelmshaven avec Ingo Werth, le skipper du *Sea Watch*, pour vérifier nos équipements et préparer l'entraînement de l'équipe de recherche et de sauvetage qui nous rejoindrait à Marseille.

En expliquant tout ça à l'équipage de *l'Aquarius*, j'ai senti que le capitaine, son second et le chef mécanicien étaient assez réservés. Face à cette nouvelle mission qui leur semblait très bizarre, je voyais bien qu'ils préféraient garder leurs distances, et s'en tenir à des relations strictement professionnelles. Ça ne me semblait pas anormal : il fallait laisser au temps le temps de faire son travail...

Je leur ai aussi expliqué que pendant que le bateau ferait route vers Bremerhaven puis Marseille, j'irais à Rome visiter le MRCC – le centre maritime de coordination des secours de la garde côtière italienne –, avec qui nous serions en relation permanente. Je voulais qu'ils réalisent que nous ne ferions pas cavalier seul, et que nous avions tout mis en place pour mener à bien notre mission, en toute sécurité.

Je leur ai parlé de la mort. De la détresse de ces gens au secours desquels nous allions nous porter, de la difficulté émotionnelle dans laquelle ça nous plongerait. Je les ai informés que Médecins du Monde mettait à notre disposition une cellule psychologique spécialisée en cas de besoin.

Et je leur ai parlé de la vie : si nous avions la chance de pouvoir sauver ne serait-ce qu'une seule existence, notre mission serait accomplie. Ce que nous allions faire ensemble était nécessaire, utile, indispensable, et j'étais très heureux de pouvoir le faire avec eux.

Parmi les plus sceptiques, Alex, le second du capitaine, un Ukrainien baraqué, jovial et grande gueule.

– Mais pourquoi vous faites ça ?

– Parce qu'ils se noient.

– Ils se sont mis eux-mêmes en danger…

– Je ne suis pas certain qu'ils aient eu un autre choix.

– On a toujours un autre choix.

– Alex, quelle que soit leur histoire, nous ne pouvons pas laisser ces gens se noyer.

– Et les salauds ? Vous avez pensé que dans le lot, vous allez sauver des salauds ? Des assassins ? Des terroristes ?

– Ce n'est pas à nous de juger qui sauver ou non. Ces gens se noient, et ce n'est pas acceptable.

– Mais si ça se trouve, ils sont dangereux. Ils peuvent être armés, ou infectés par des virus. Vous avez pensé au virus Ebola ?

– Bien sûr, nous nous sommes renseignés. Il n'y a pas d'Ebola en Libye : les personnes malades n'arrivent jamais jusque-là.

– Mais on aura des masques ?

– Ce n'est pas nécessaire. Dans des circonstances similaires, ni les médecins ni les infirmiers des camps de réfugiés ne portent des masques et des combinaisons. Mais si vous le souhaitez, oui, nous vous fournirons du matériel de protection.

– Et pour les armes ?

– Ils ne sont pas armés.

– Comment en être sûr ? C'est facile de cacher un couteau. Il faudrait les passer au détecteur, quand ils arrivent sur le bateau.

– Si vous voulez. C'est même vous qui en serez chargé, si ça peut vous rassurer.

– OK. Comme ça, ça me va.

L'*Aquarius* a quitté l'île de Rügen dans l'après-midi du 30 janvier. Je suis resté cinq jours à bord avec eux, en passant par Wilhelmshaven, jusqu'à notre arrivée à

Bremerhaven, le port de Brême. Nous avons fait connaissance, nous avons beaucoup parlé, et j'ai senti que peu à peu, la confiance s'instaurait entre nous. Avec le capitaine aussi, aux côtés duquel il fallait que je trouve ma place : il dirige son bateau, mais je dirige les opérations. J'ai veillé à ce que le fait que je sois moi-même capitaine ne soit pas une menace pour lui, mais au contraire, un élément rassurant.

Le 4 février à Bremerhaven, Gerd et ses amis avaient organisé une conférence de presse et une opération porte ouverte. L'*Aquarius* a été assailli par des sympathisants, parmi lesquels les maires de Brême et de Bremerhaven, venus nous encourager et nous assurer de leur soutien. Mathias, Christian et Patrick, de SOS MEDITERRANEE, ont embarqué pour prendre ma relève : je suis rentré à Berlin, où j'avais encore mille choses à faire avant de les retrouver à Marseille.

Quelques jours plus tard, mon ami Pietro m'a accompagné à Rome, pour rencontrer l'équipe du MRCC : c'est là qu'arrivent tous les appels au secours maritimes de la zone dans laquelle nous allons croiser. Dans les mois à venir, nous serons souvent en contact avec eux. Il me semblait indispensable de pouvoir commencer par nous parler de visu, avant d'échanger par radio interposée.

J'ai été touché, et même ému de l'accueil chaleureux qu'ils nous ont réservé. Le commandant de la garde côtière italienne et son bras droit nous ont reçus avec honneurs et grand respect. Visiblement, ils étaient eux aussi agréablement surpris que nous prenions le temps de venir les voir. J'ai aperçu, sur le bureau, mon CV, et des photos de moi et de l'*Aquarius* : ils nous avaient cherchés sur Internet, pour mieux nous recevoir. Tous les deux nous ont expliqué à quel point notre projet était important pour eux, et en quelle haute estime il tenait notre engagement et notre aide. Au moment où nous quittions le QG, après qu'ils nous ont assurés, une fois encore, de leur reconnaissance, tous ces hommes en uniforme se sont levés, respectueusement, pour nous saluer. Ça m'a profondément touché : eux et nous allons œuvrer ensemble, pour défendre les valeurs qui nous sont les plus chères, le sauvetage et la protection des vies humaines en mer.

Pendant toutes ces journées de préparation avant le jour J, j'avais dans le cerveau comme un petit écran radar qui suivait la trajectoire de l'*Aquarius*. Mer du Nord, Manche, Bretagne, Pays basque, Portugal. Le moment du rendez-vous à Marseille, avec le bateau, l'équipe française de SOS, notre équipe de sauvetage et l'équipe de Médecins du Monde était proche. Il était plus que temps.

Karin est venue me rejoindre là-bas, pour être à bord avec moi jusqu'à Lampedusa. Depuis toujours, nous savons que nous pouvons gérer l'éloignement dans les petites choses de nos existences à partir du moment où nous sommes ensemble pour partager les grandes choses. Pas question de ne pas être ensemble en ces jours si importants.

Les heures à Marseille ont été denses, concentrées. Gerd, responsable opérationnel de SOS, accompagné de son équipe et Marie-Laure Herdhuin, responsable logistique de Médecins du Monde, avaient abattu un énorme travail. Les membres de l'équipe de sauvetage et de l'équipe médicale étaient prêts, et tout l'équipement a été installé à bord. Nous avons retrouvé Sophie, Fayez et leurs enfants et presque tous les supporters français de SOS. Sur le quai où une fête était organisée, plusieurs centaines de visiteurs sont venus chanter, danser et nous dire au revoir. Nous étions tous émus d'être enfin là, sur ce grand bateau que nous avions tellement désiré.

J'ai repensé, une fois encore, à mon cher professeur Vierhaus, qui nous avait si bien appris qu'il est possible de se glisser dans des champs d'action. Voilà, nous y étions. Impatients et heureux de pouvoir, enfin, passer à l'action.

Nous avons appareillé le soir du 20 février, accompagnés de l'espoir de tous ces gens qui étaient venus nous saluer, et de toutes les équipes qui restaient à terre. Nous avons quitté le port, escortés par plusieurs bateaux qui ont tenu à nous accompagner un moment.

Direction Palerme, où nous attend Valeria.

Après la mort de son cher papa, elle a accepté de présider la jeune association SOS MEDITERRANEE Italie. À notre arrivée, nous faisons connaissance de cette nouvelle équipe – Amelia, Antonio, Umberto –, et je retrouve avec émotion notre ami Fatah. Le maire de la ville, Leoluca Orlando, vient nous rendre visite sur le bateau avec tant de chaleur et d'enthousiasme que nous devenons presque immédiatement amis. Tous ces moments, si forts, me disent déjà que j'ai eu raison : nous ne sommes pas les seuls citoyens européens à vouloir faire de cette mer une mer civile, sur laquelle les règles fondamentales de l'humanité sont prises en compte, et respectées, au large comme à terre.

Nous aurions pu filer directement vers les eaux territoriales de la Libye, puisque c'est pour ça que nous étions là. Mais comment commencer cette première rotation sans aller saluer, d'abord, les gens de Lampedusa? Nous les avions quittés au mois de mars, sur la promesse, qu'ils avaient reçue comme un rêve, sans trop oser y croire, de revenir avec un grand bateau. Je voulais leur montrer l'*Aquarius*. Qu'ils le voient. Qu'ils sachent que désormais, nous sommes là. Comme promis.

Cette escale, capitale à mes yeux, semble incompréhensible à certains membres des équipes. Lors d'une de nos réunions de préparation, l'un d'entre eux m'interpelle :

— Franchement, Klaus, je ne comprends pas. Pourquoi perdre du temps à visiter un autre port alors qu'au large, des gens se noient ?

— Vu comme ça, je comprends que ça puisse te choquer. Mais ce n'est pas une simple visite de port...

— Ah oui ? Tu ne crois pas que l'urgence est ailleurs ?

— L'urgence, c'est de comprendre que nous sommes là pour sauver des gens, mais pour le faire ensemble. Nous ne sommes pas un groupe de francs tireurs, isolés. Nous faisons partie d'un mouvement citoyen et il est indispensable que nous restions ensemble, les uns avec les autres.

— Mais des gens se noient, pendant qu'on discute...

– Les habitants de Lampedusa sauvent ces gens depuis des années, ils se battent depuis des années, sans même que nous le sachions. C'est pour nous porter à leurs côtés, et nous battre avec eux que nous sommes là. Ils ont besoin de le savoir, et de le voir. Voilà pourquoi c'est si important, à mes yeux, de faire escale là-bas avant de commencer.

Je ne suis pas sûr de l'avoir convaincu. Mais je savais, moi, que sur l'île, ils nous attendaient.

Il a fallu qu'ils attendent encore un peu : une fois de plus, la mer s'en est mêlée. Nous avons quitté Palerme le 23 février au soir. Le 25 au matin, nous étions face à l'île, mais impossible d'entrer dans le port. La houle et le vent contraire rendaient la manœuvre impraticable. Les années de navigation m'ont appris la patience… Toute la journée et toute la nuit, nous sommes restés au large, ballottés par les éléments, en attendant qu'ils décident quel était le bon moment.

Finalement, c'est le 26 février au matin que l'*Aquarius* a accosté à Lampedusa pour la première fois. Nous avons eu l'autorisation exceptionnelle de nous amarrer sur le plus grand quai. Ils étaient tous là pour nous accueillir : Paola et Melo, l'équipe de la polyclinique, les gens de l'Ordre de Malte, les bénévoles, le responsable de la garde côtière, le capitaine du port dans son uniforme des grands jours, qui m'a pris dans ses bras pour m'embrasser. Et une petite délégation d'élus politiques européens : Arne Lietz, député au Parlement européen, et Simone Peter, ancienne ministre de la Sarre, étaient spécialement venus de Bruxelles et de Berlin pour nous apporter leur soutien personnel.

Madame le maire, retenue à Rome, nous a appelés pour nous dire qu'elle était désolée de ne pas être avec nous. Je me suis souvenu de ce soir de printemps, à la mairie, quand nous étions cinq autour de son bureau, presque plongé dans l'obscurité, à parler avec nos quelques pauvres mots d'italien de ce grand bateau dont ils rêvaient. Je me suis souvenu de ses mots, à elle. *Siete pazzi, ma sono con voi.*

Voilà, aujourd'hui nous sommes dans son petit port. Avec eux. Je suis à la fois heureux et fier d'avoir réussi à trouver ce grand bateau, beau, fonctionnel, bien préparé, et malheureux d'avoir à faire ce pour quoi nous sommes là. Et même consterné que ce soit nécessaire, et que l'Europe ne soit pas en mesure d'offrir des solutions sûres à ces milliers d'êtres humains en exode. Je sais que ce qui nous attend sera difficile, voire parfois dangereux. Et que ça nous changera tous, profondément.

Nous avons salué tout le monde. J'ai embrassé Karin, qui repartait à Berlin. J'avais le cœur serré et grave, bien plus qu'en quittant Marseille. Un peu avant midi, dans un soleil éclatant, nous avons quitté le port de Lampedusa, en direction de la Libye, pour aller porter secours à ceux qui fuient l'enfer, au péril de leur vie.

17

Tous sont vivants

J e n'avais pas réalisé à quel point la Libye est proche. Il nous a fallu 24 heures depuis Lampedusa pour arriver à environ vingt miles des côtes, distance à laquelle nous pourrons croiser en toute sécurité. Depuis une heure ou deux, nous apercevons les montagnes, là, sur notre horizon. À la fois proches et très lointaines. Vu d'ici, pas moyen d'imaginer ce qui se passe dans ce pays…

La mer est mauvaise. Rien d'inquiétant pour les marins, mais un roulis bien désagréable pour notre équipe de sauveteurs, qui ont besoin d'un certain temps pour s'amariner.

À bord, la vie s'organise tranquillement. Nous scrutons l'horizon, l'écran radar, nous sursautons au moindre grésillement de la radio, et nous répétons les exercices de sauvetage, avec beaucoup de concentration, pour être sûrs de faire les bons gestes, le moment venu. Mais le moment ne vient pas. Un jour, deux jours, huit jours. Nous patrouillons à la lisière des eaux territoriales sans apercevoir aucun naufragé à la dérive. Nous croisons les bateaux militaires de l'opération Eunavfor Med, que l'Europe a mis en place six mois après la fin de *Mare Nostru*m, au moment où nous fondions SOS MEDITERRANEE. C'est rassurant de savoir que nous ne sommes pas seuls et qu'en cas de nécessité, nous pourrons nous aider les uns les autres.

Je fais la connaissance de Zen, un Érythréen, traducteur de l'équipe de Médecins du Monde. Je ne connais pas son histoire – j'ai seulement compris qu'il a vécu au Soudan avant de venir s'installer à Marseille – mais je sens que pour lui, c'est très important d'être avec nous. Il parle français, tigrigna, la langue la plus utilisée en Érythrée, et un peu arabe. Ça nous sera sûrement utile. Je ne sais pas encore qu'il est

aussi un excellent photographe professionnel, pour qui il est capital de garder des traces
de ce que nous sommes en train de faire : ses
photos constituent un témoignage précieux
pour SOS, et pour l'histoire.

Je fais aussi connaissance des autres
membres de l'équipe française de Médecins
du Monde, dirigée par Anne, une grande
brune directe et sympathique, qui me
raconte de temps en temps ses nombreuses
missions en tant que médecin dans les camps
de réfugiés. À leur contact me revient en
mémoire ce docteur de retour du Biafra,
rencontré dans un train, quand j'avais 12 ans.
Et cette médecine dont j'ai rêvé, quand j'étais
étudiant.

La mer ne se calme pas, et le vent souffle
fort. Il nous a fallu quelques jours pour
comprendre que quand il vient du Nord,
les réfugiés ne peuvent pas quitter la côte :
le vent et les vagues repoussent leurs
embarcations vers le rivage. C'est pour ça
que, pendant des jours, nous ne trouvons
personne à sauver. Cela ne change rien aux
raisons de notre présence. Ce qui compte,

c'est d'être ici, en mer, au cas où. Quoi qu'il arrive. Après trois semaines, nous retournerons en Sicile pour ravitailler, déposer quelques personnes de l'équipage, et en embarquer quelques autres, et puis nous reviendrons. Peut-être que nous croiserons des naufragés, et peut-être pas.

Peu importe. Nous sommes là.

C'est un sentiment étrange et contradictoire, dont nous parlons entre nous. Comment « espérer » que nous allons trouver des gens en train de se noyer ? Mais comment être « soulagés » de ne pas les trouver, puisque nous ne pouvons jamais savoir, dans cette partie de la Méditerranée, s'ils n'étaient réellement pas là ou si, malgré notre vigilance, nous n'avons pas réussi à les localiser ? À cette étrange contradiction s'ajoute l'appréhension de tous à l'idée de cet hypothétique premier sauvetage, dont nous répétons inlassablement les gestes, en espérant qu'ils deviendront des (bons) réflexes au moment où nous en aurons besoin.

Quand je suis seul dans ma cabine, j'essaie de ne pas trop penser. Pendant mes derniers voyages au long cours, j'emportais mon violoncelle et cela me faisait du bien de pouvoir voyager dans la musique. Mais sur l'*Aquarius*, je n'ai aucun moyen d'en écouter. Alors je convoque dans ma tête quelques notes de jazz. Ou bien ce *Quartet* de Beethoven que j'aime tant; la *Première suite* de Bach que le merveilleux Slava Rostropovitch a jouée devant le mur de Berlin en ruine; ou encore *Les Années de pèlerinage* de Liszt, par Alfred Brendel... Sans doute depuis que j'entendais ma mère jouer du piano quand j'étais encore dans son ventre, la musique m'accompagne. Sans cesse.

Le matin du neuvième jour, juste avant le lever du soleil, nous recevons un appel de Rome : le MRCC nous signale la position d'un bateau en détresse. J'enfile ma combinaison et me précipite sur le pont; le capitaine, son second et le guetteur de quart sont déjà à leur poste. Nous ne voyons rien sur l'écran radar. Ni sur la mer, dans le clair-obscur de l'aube. Pourtant, nous sommes tout près de la position indiquée. Comment faire pour les trouver?

Je cherche avec mes jumelles et à un moment, je le vois. Il est là. Ils sont là. Une tache sombre et floue sur la mer. Je finis par voir apparaître un énorme pneumatique gris, perdu au milieu des vagues, et, à son bord, ce qui ressemble à des silhouettes humaines. Des dizaines de silhouettes.

C'est hallucinant. Inimaginable. Quand on connaît la Méditerranée, c'est impensable d'espérer pouvoir la traverser sur un vaisseau pareil. Mon cerveau de marin est en ébullition : ce que je vois dans mes jumelles est dangereux. Follement dangereux. Et les gens qui ont fait monter des humains sur ce machin et les ont livrés à la mer sont des criminels.

Je suis à la fois fou furieux et désespéré, mais je n'ai pas le temps. Nous devons faire notre travail.

Nous pouvons les sauver. Nous devons faire tout ce qui est en notre pouvoir pour les sauver. Tous.

J'enfile ma veste, mon casque, mes gants. L'équipe s'active sur le pont pour charger les gilets de sauvetage dans les canots. Je monte dans le premier, accompagné de Zen, Jean et Stephany, médecin. Ralph, le matelot, prend la barre. Alex, le second, manœuvre le *davit*, une petite grue qui nous soulève par-dessus bord pour nous mettre à l'eau. Le canot se balance dans les airs, descend et amerrit au milieu des vagues. Ralph démarre le moteur et nous larguons les amarres. Pleins gaz. Une autre équipe a pris place dans le second canot, dirigé par Michael, mon adjoint.

Du pont de l'*Aquarius*, les vagues d'un mètre semblaient ridicules, mais dans les canots, elles secouent. Je sais que nous ne risquons rien. La distance qui nous sépare du bateau paraissait elle aussi plus courte qu'elle n'est, je ne pensais pas que nous mettrions tant de temps à arriver jusqu'à eux.

Nous nous approchons. Le jour n'est toujours pas levé. Je distingue leur bateau de mieux en mieux. Je vois leurs visages. Leurs yeux. Et, entre deux vagues, j'entends leurs cris.

Nous sommes enfin assez près pour que nos regards se croisent. Je n'ai jamais vu ça de ma vie. Des corps terrifiés, entassés les uns contre les autres, en perdition. Dans leurs yeux, c'est l'effroi. La détresse absolue. Ces gens sont en enfer.

Le danger immédiat, c'est qu'ils paniquent au point de chavirer, ou de tomber à l'eau; ou bien qu'ils sautent, dans l'espoir d'arriver les premiers sur nos canots. Je m'adresse à eux d'une voix la plus calme possible, pour les tranquilliser. Comment tranquilliser des prisonniers de l'enfer? Quelle langue peuvent-ils comprendre? J'essaie l'anglais et français. Ils comprennent le français.

Je vois les hommes qui sont au bord faire barrage à ceux qui poussent derrière eux et je réalise ce que la peur est en train de faire d'eux : une meute d'humains affolés, dans laquelle les plus forts utilisent leur force pour passer les premiers. Ça aussi, c'est follement dangereux.

J'essaie de trouver les bons mots et les bons gestes pour les calmer. Nous leur transférons les gilets, un par un, en leur demandant d'aider ceux qui n'y arrivent pas à les enfiler.

– Aidez-vous les uns les autres ! *You have to help each other !*

Je repère, dans le groupe, certains qui ont compris et qui, une fois équipés, prennent soin de leurs voisins. Mais nous n'avons pas terminé la distribution des gilets que déjà, d'autres s'agrippent au bord de nos canots pour y grimper, sans attendre nos instructions. En continuant de demander à chacun de rester calme et d'attendre son tour, je les aide à monter ; ce serait beaucoup trop dangereux de les repousser jusqu'à ce que nous ayons embarqué, avant eux, ceux qui semblent le plus mal en point.

J'attrape la main du premier. Glaciale. Trempée. Glissante. Il tremble. Je le sens trembler. Je vois la terreur dans ses yeux. Je le tiens de toutes mes forces, et je l'aide à monter sur le bateau. Je ne veux pas qu'il glisse. Il ne faut pas qu'il glisse. Il monte. Puis un autre. Puis un autre. Ils doivent être une centaine. Notre canot peut contenir douze personnes, et le deuxième, six. Il nous faudra au moins cinq ou six allers-retours pour les emmener tous à l'*Aquarius*.

Lorsqu'ils embarquent, au milieu des paquets d'eau de mer, une odeur me saute aux narines. Puissante, gluante, dégueulasse. Persistante. C'est l'odeur de leur peur. L'odeur de la mort.

Il y a cet homme, le regard affolé, qui semble terrifié à l'idée d'enjamber le rebord du bateau pour monter dans le canot. Zen l'a vu, lui aussi. Il lui tend la main en disant :

– Accroche-toi, mon frère.

Je sens ses mots entrer en moi, exactement à l'endroit d'où était sorti le NON, lors de la réunion des capitaines. Voilà. J'ai compris. C'est pour ça que nous sommes là : ce sont nos frères. *Bruder*. On ne doit pas, on ne peut pas laisser nos frères se noyer.

Finalement, il nous faut cinq rotations pour récupérer tout le monde. Ça nous prend un temps infini, quatre heures, peut-être cinq, avant que tous, sauveteurs et réfugiés, puissent enfin se trouver en sécurité. Le dernier moment difficile, pour eux, est de puiser dans ce qui leur reste de force pour attraper l'échelle, glissante, qui monte à l'*Aquarius* et grimper jusqu'au pont, secoué par les vagues, sans se laisser prendre par la panique. Il faut les aider et les rassurer, nous depuis les canots, en bas, et l'équipe qui leur tend la main, depuis le pont, en haut.

Quand je rejoins à mon tour l'*Aquarius*, après que la grue a remonté les deux canots sur le pont, je suis soulagé. Les membres des deux équipes se rejoignent pour former un cercle, serré. Nous avons besoin de nous sentir réunis, ensemble. En quelques mots, je les remercie tous, un par un, pour l'excellent travail que nous avons réalisé. Et puis je me dirige vers l'arrière du bateau.

Ce que je vois est saisissant. Glaçant. Ils sont partout sur le pont. Assis, couchés, hagards. Choqués. Abandonnés. Certains, même, évanouis. Comme totalement absents de leur corps.

Un membre de l'équipe s'approche de moi pour me dire qu'ils sont quatre-vingt-cinq.

Personne ne s'est noyé.

Maintenant, il faut récupérer les gilets, sécuriser le bateau, pendant que l'équipe médicale évalue l'état et les besoins de chacun, et que les bénévoles organisent l'accueil à bord – douches, vêtements secs et couvertures, à boire et à manger, des couchettes pour récupérer... Quand je regarde ma montre, je réalise avec stupeur que l'opération n'a duré qu'une heure trois quarts. Je me sens exactement dans le même état que lorsque nous sommes sortis du typhon, il y a quelques années, au milieu du Pacifique : sonné, avec l'impression de revenir d'un autre espace-temps où je n'ai pensé à rien et où tout s'est arrêté, à part ce que nous étions en train de faire, une minute après l'autre.

Je reprends pied dans ma vie, et tout me revient, en rafale. Il y a ces regards terrifiés. Les cris. Les mains tendues, les mains qui glissent, les corps qui tremblent. La peur de la mort, la lutte pour la vie. Cette odeur atroce, tenace, qui remplit encore mes narines.

Quand tout le monde a terminé sa tâche, nous nous retrouvons, toutes équipes confondues, pour faire le bilan de ce premier sauvetage. Personne ne parle de l'horreur et de l'angoisse de ces pauvres gens. Les mots ne sont pas nécessaires, peut-être n'existent-ils même pas. Nous savons, tous.

Les bénévoles partagent les premières informations que les réfugiés leur ont communiquées : ils devaient être cent vingt, sur le bateau mais ça s'est « mal passé » sur la plage. Ils n'ont pas dit ce qu'il est advenu des trente-cinq manquants. Plus tard, peut-être. Pour le moment, chacun a besoin de souffler et de reprendre ses esprits.

Nous nous mettons d'accord sur le fait que la prochaine fois, en arrivant près du bateau, il faut demander très fermement que les femmes et, s'il y en a, les enfants soient évacués en priorité. Alex, le second ukrainien qui réclamait avant de partir un masque et un détecteur de métaux, est là aussi, autour de la table. Je croise son regard, bouleversé.

Après m'être assuré que tout est en ordre, je me retire enfin dans ma cabine, pour dormir un peu, en essayant de ne pas me laisser envahir à nouveau par les images du choc violent que je viens de vivre. Évidemment, je n'y arrive pas. Je sens une vibration à l'intérieur de moi et je ne parviens pas à l'éteindre. Je n'arrive pas à oublier tous ceux qu'il reste à secourir. Je peux seulement me répéter, que nous faisons ce que nous avons à faire et que je vais me concentrer sur ici et maintenant. Que je ne suis pas responsable de cette situation abominable. Que nous sommes venus pour les sauver, et que nous les avons sauvés.

Et que tous sont vivants.

18

What a big river

C'était le premier sauvetage. Il y en a eu un deuxième, quelques jours plus tard, avec des enfants et même des bébés, avant que nous retournions à Trapani, notre port d'attache, pour la première escale technique. Et puis un troisième, un quatrième, un dixième. À l'heure où j'écris ces mots, nous sommes à plus de cent sauvetages et près de dix-huit mille naufragés ramenés sur la terre ferme[1].

Il y a eu ce jour où, une fois tous les réfugiés transbordés, il restait des corps au fond de leur bateau. Et un autre jour où, dans l'affolement d'un naufrage, tout le monde n'a pas pu être sauvé. Il y a eu la naissance de quatre

1. Chiffres de mai 2017.

bébés sur l'*Aquarius* – trois garçons et une petite fille, Mercy, née le 21 mars 2017. Il y a eu des chants de joie, de prières et des danses d'allégresse sur le pont. Et puis ces histoires terribles, quand les langues se dénouent, racontées l'une après l'autre. Et celles que personne n'ose raconter[1]. Le regard des femmes, baissé, pour qu'on ne lise pas dans leurs yeux la honte et le déshonneur. Leur silence, bouleversant. Il y a eu cette jeune fille qui sanglotait en répétant qu'elle préférait mourir plutôt que retourner là-bas. Des regards terrifiés. Des regards épuisés. Des regards apaisés.

Il y a eu ce jeune homme, sur le pont, juste avant l'arrivée à Lampedusa, qui a murmuré en regardant la mer au loin, vers la côte qu'il venait de fuir :
– *What a big river…*

Après cette première rotation comme coordinateur de l'équipe de sauvetage,

1. Des témoignages bouleversants, recueillis par Marie Rajablat, accompagnés des photographies de Laurin Schmid, ont été publiés dans *Les naufragés de l'enfer*, un livre de SOS MEDITERRANEE France aux éditions Digobar (2017).

j'ai cessé de naviguer sur *l'Aquarius* : des capitaines ont été formés et les équipes[1] se débrouillent très bien sans moi. Je leur rends visite de temps en temps, et ils savent que je suis là en cas de vraie urgence.

Je n'ai pas encore repris mon travail de capitaine de cargo. Il faut d'abord sécuriser, consolider et développer SOS. Alerter l'opinion, pour que le plus de monde possible se sente partie prenante de ce qui se passe en Méditerranée. Faire en sorte qu'il y ait toujours assez d'argent dans les caisses pour que *l'Aquarius* ne reste pas à quai. Ouvrir les horizons de pensée, trouver des champs d'action pour obtenir que cette mer devienne une mer dans laquelle il n'est pas possible de continuer à laisser se déverser, comme des déchets, des milliers d'humains qui se noient.

Trouver les moyens de faire en sorte que nous réalisions, tous, que la frontière sur la Méditerranée, même si elle n'est pas visible, est une frontière si dépourvue d'humanité qu'elle tue. Par milliers.

1. Après Médecins du Monde, c'est désormais Médecins sans Frontières qui assure l'assistance médicale de l'*Aquarius*.

Et que nous nous souvenions qu'il n'y a pas si longtemps, c'était nous, sur les bateaux.

Je n'ai pas refait mon horrible cauchemar même s'il m'arrive, souvent, d'avoir du mal à m'endormir. Les images des sauvetages, les récits des rescapés, réveillent parfois ma mémoire et se mélangent dans ma tête avec d'autres images d'horreur, croisées pendant mes années de recherche. Ce que j'ai vu et entendu sur l'*Aquarius* est épouvantable. Inhumain. Insoutenable.
Mais pas seulement.

J'ai vu aussi la vie naître, et l'espoir renaître. J'ai vu l'humanité reprendre le pas sur la bestialité. J'ai vu les uns être capables d'empathie pour les autres, même au péril de leur vie. J'ai vu, aussi, que depuis janvier 2016, nous avons réussi à payer – même si ce fut parfois périlleux –, les onze mille euros quotidiens que coûte l'*Aquarius*, et cela, uniquement avec les dons privés des citoyens européens.
J'ai vu, entendu, lu, des centaines de messages d'encouragement, de remerciement,

de soulagement, à l'intention des équipes de SOS MEDITERRANEE.

Ce sont autant de preuves que, malgré ce qu'on veut nous faire croire, et malgré ce que hurlent les loups, nous sommes nombreux, et de plus en plus, à ne pas accepter de laisser des milliers de nos frères se noyer sans essayer de les sauver.

J'ai entendu un des membres de l'équipe, assis sur le pont après un sauvetage difficile, expliquer qu'il était soulagé de savoir que plus tard, quand ses enfants ou ses petits-enfants lui demanderont ce qu'il a fait pour que cette horreur cesse, il aurait quelque chose de concret à leur répondre.

J'ai vu Alex, le second si dubitatif à propos de ce que nous entreprenions, changer radicalement d'avis et être fier, si fier, de travailler sur l'*Aquarius* et de faire partie de l'équipe. À chaque fois que nous nous croisons, nous nous embrassons comme de vieux amis.

Et je brûle de recevoir à bord les journalistes, les députés et les leaders européens qui pensent encore aujourd'hui que « ce n'est pas à nous » de faire ce travail ; que « ce n'est pas une solution » de sauver les migrants ; que

«la protection des frontières est la priorité»;
que «le problème est ailleurs».

On me demande, souvent, ce que
deviennent les rescapés, une fois qu'ils sont
en sécurité sur le pont de *L'Aquarius*.

Première réponse : nous les déposons dans
un port italien, selon les instructions du
MRCC de Rome, et dans le strict respect des
principes irréfutables d'humanité, de la loi
européenne et de la procédure internationale.

Deuxième réponse : je sais que leur situation de réfugiés en Europe est déplorable,
et qu'ils ne sont pas suffisamment protégés.
Il n'y a pas de procédure vraiment claire et
surtout humaine. On ne prend pas soin d'eux.
Ceux d'entre eux qui sont autorisés à rester
sont mal accueillis, mal informés et reçoivent
très peu d'aide pour s'intégrer correctement.
Et ceux à qui on refuse l'asile sont condam-
nés à être expulsés dans des conditions
inhumaines, vers l'enfer d'où ils viennent, ou
à devenir des errants illégaux, sans droits...
Une partie d'entre eux, persuadés que leur
salut est en Angleterre, se retrouvent coincés
sur les côtes du nord de la France, parqués

dans des camps de fortune où nul ne peut (sur)vivre dignement – malgré les efforts héroïques de citoyens solidaires, qui n'hésitent pas à contourner la loi pour répondre à leurs besoins vitaux –, en attendant de risquer leur vie pour traverser la Manche par tous les moyens les plus dangereux.

Les Européens ne se sont toujours pas mis d'accord sur une procédure commune d'accueil, et d'asile, qui respecterait à la fois les principes de l'humanité et les besoins des États. Chaque jour, depuis des années, des milliers de réfugiés risquent leur vie – et la perdent, souvent : on estime que quarante-cinq mille migrants se sont noyés depuis 2000 – mais il n'existe toujours aucune politique de migration humaine, courageuse, et pensée à long terme.

Évidemment, cela ne me convient pas. Comme tous les membres des équipes de l'*Aquarius* et de SOS MEDITERRANEE, je suis confronté, sans arrêt et donc sans possibilité de les oublier, à la situation insoutenable et inacceptable des migrants. Leur détresse nous hante, tous. Et même si nous pouvons nous dire que nous faisons tout ce qui est en notre pouvoir, nous savons que ce n'est pas suffisant. Sur l'*Aquarius*, nous sommes au centre du malheur absolu. Et si pouvoir sauver tant de vies humaines est une immense chance, il est impossible d'ignorer toutes celles que nous n'avons pas sauvées. Ni les difficultés épouvantables auxquelles les survivants sont confrontés lorsqu'ils arrivent en Europe. Ni l'absence totale d'action et de réaction du monde entier, Afrique comprise, à la tragédie barbare qui se joue depuis des années en Libye.

L'*Aquarius* n'est pas un miracle. Ce bateau est la preuve concrète de ce que des humains très ordinaires peuvent réaliser lorsque leur horizon de pensée s'ouvre suffisamment pour trouver un champ d'action. Son but, notre but, est que la Méditerranée devienne une mer humaine et civile. Qu'elle ne soit plus blessée, violée, dégradée par une frontière brutale et meurtrière.

Nous voulons qu'un jour, bientôt, sur cette mer, les droits de l'homme soient respectés et protégés. Nous voulons qu'un jour, bientôt, nos concitoyens européens reconnaissent avec nous qu'il serait plus bénéfique, pour tous, d'élargir notre espace d'empathie et de prendre le risque d'organiser une circulation plus fluide des êtres humains. Nous voulons qu'un jour, bientôt, les politiques et fonctionnaires nous devancent sur ce chemin sage, courageux, avec discernement. Nous voulons qu'un jour, bientôt, plus aucun migrant ne se noie en Méditerranée.

Nous espérons ce jour. Et en attendant, nous sauvons les gens.

Tant que nous le pourrons, tous ensemble.

Printemps 2017

Je n'avais pas imaginé écrire ce livre. Ou alors je n'avais pas imaginé l'écrire si vite, dans l'urgence, pour qu'il diffuse dès que possible l'histoire et l'esprit de SOS MEDITERRANEE auprès de tous ceux qui voudraient nous aider à maintenir l'*Aquarius* à flots, et à œuvrer pour une mer Méditerranée plus civile et plus civilisée. On m'en a convaincu, et je ne le regrette pas, mais ce travail m'a mis à rude épreuve. Pris dans la course folle de créer SOS, d'affréter l'*Aquarius*, et de lui donner tous les moyens humains et financiers d'être opérationnel, j'ai évité de m'arrêter trop longtemps sur ce que j'étais en train de vivre à l'intérieur de moi. Et repoussé les émotions trop puissantes qui auraient pu me submerger au moment où nous avions besoin de toutes nos forces, et moi de toutes les miennes, pour faire naître et mener à bien notre projet.

Je suis un capitaine, et dans la tradition, un capitaine ne parle pas de ses peurs, ni de ses émotions. Un capitaine trouve des solutions pour rassurer équipage et passagers, et mener son bateau à bon port en toute sécurité.

Mais une fois SOS mis au monde, et notre bateau mis à flots, elles m'ont rattrapé. Mes émotions…

Le printemps 2017 a été, pour moi, tempétueux. Raconter cette histoire, mon histoire, et tout ce qui me tient le plus à cœur, m'a fait réaliser que j'étais presque arrivé au bout de mes forces et qu'aller plus loin serait aller trop loin. Je me suis arrêté quelques semaines, pour me reposer et prendre du recul, et j'ai décidé qu'il était mieux, pour SOS MEDITERRANEE mais aussi pour ma famille et pour moi, que je laisse d'autres – une nouvelle équipe – prendre en charge les fonctions opérationnelles que j'occupais au sein de l'organisation depuis sa création. J'ai donc passé le relais, tout en restant aux côtés de SOS, sur qui je veille d'un peu plus loin, comme fondateur et consultant.

Je veux avoir le temps d'être un grand-père pour Leo, un père pour mes enfants, un mari pour Karin. Dans un monde que nous aurons contribué je l'espère, chacun à sa mesure, à rendre un peu plus humain.

Merci

Je suis heureux de terminer ce livre par un grand merci à Valérie Péronnet – c'est elle qui a eu l'idée de l'écrire à partir d'une série d'entretiens, suivis de semaines d'écriture commune. Merci, Valérie, pour ton travail professionnel et analytique, et pour ta disponibilité dans notre vraie collaboration européenne !

Ce livre n'aurait pas vu le jour sans les encouragements et la patience de Jean-Baptiste Bourrat et Laurent Beccaria, des Arènes. Merci, Jean-Baptiste et Laurent, pour votre solide engagement et votre soutien sans faille. Grand merci aussi à Aleth Stroebel pour le décryptage des entretiens et à Isabelle Mazzaschi pour son super travail de promotion.

SOS MEDITERRANEE n'existerait pas en tant que véritable association de la société civile européenne sans l'extraordinaire engagement et l'énorme travail de Sophie Beau à Marseille, de

Valeria Calandra à Palerme, sans les équipes d'Allemagne, de France et d'Italie, et sans le soutien des milliers de donateurs et citoyens engagés. Merci à vous, Sophie, Fayez, vos enfants et vos amis de Marseille et de toute la France. Merci à Caroline, Sophie Rahal et Fabienne qui dirige le bureau de Paris, à Jean et Nathalie pour leur travail de pionniers, à Frédéric pour ses grandes compétences financières, à Francis qui a pris la présidence en avril 2016, à Philippe et Cathy, Fyraz et Samar, Bérengère, Sabine, Erwan, Coralie, Solène, Antoine et tant d'autres, dont la longue liste des membres du Comité de soutien français.

Merci à toi, Valeria, à Eugenio et à tous vos amis d'Italie pour les encouragements et le dévouement des premières heures ; Pietro, Fatah, Ferruccio, Amelia, Antonio, Umberto, Stefano, Barbara, Christina, Chiara, Udo et tous les autres…

Merci au travail de pionniers, en Allemagne, de Klaus, Jutta, Lea, Cora, Ute, Gianna, Jan, Verena, Céline, Matthias Rentsch, Erwin, Joachim, Lukas, Beate, Marie, Elke, Juliane, Thore et Matthias ; à celui de Gerd Knoop, Andreas et Klaus Platz à Brême ; et à Christian, Mathias et Anton pour leur investissement dans les opérations ; à Manja, Jana, Verena, Katrin et Timon (depuis septembre 2016) pour le bureau de Berlin ; à Jan, Maria et (encore) Lukas, et à nos membres Hartmut, Hannelore et Corinna, Heiko et Lu, Klaus et Susanne, Jakob et Bettina, Peter et Regina, et tellement d'autres pour leur indispensable soutien. Merci à Arne Lietz et son équipe, Simone Peter, Sven Giegold, Gesine Schwan et Peter Eigen, Eberhard Schultz et Azize Tank, Fanny-Michaela Reisin et Arni Mehnert, pour avoir construit des ponts.

Merci à nos partenaires Ingrid Lebherz (AWO International), Christian Molke (ADRA), Christoph Waffenschmidt (World Vision), Aron Schuster (ZWST), Manuela Rossbach (ADH), and Erich Fenninger (Volkshilfe Austria).

L'Aquarius ne pourrait pas naviguer sans le soutien de son propriétaire, Christoph Hempel, des capitaines, de leurs équipages et de toutes les équipes embarquées : les coordinateurs de sauvetage Mathias, Christian, Yohann, Klaus Merkle et Nicola ; les membres de nos fantastiques équipes de sauvetage, les Comms-officers Nagham, René, Ruby, Mathilde et Perrine ; nos partenaires de Médecins du Monde : Stéphanie, Élise et Marie-Laure et leurs équipes (jusqu'à avril 2016), et ceux de Médecins sans frontières (depuis mai 2016) : Will, Arjen, Karline et tous les autres. Merci aussi à tous les journalistes qui nous ont rejoints sur le bateau pour travailler avec nous - dont Jean-Paul Mari et Franck Dhelens qui sont devenus des vrais amis.

Les débats et les travaux scientifiques autour de la spirale de la violence de notre « groupe de travail de Göttingen » se sont finalement transformés, de manière surprenante, en SOS MEDITERRANEE,

un projet d'empathie active. Tous mes remercie-
ments à Manfred Cierpka, qui a présidé le groupe
avec moi de 1995 à 1999, à Annette Streeck-Fischer,
qui a pris la relève jusqu'en 2001, à Hartmut
Lehmann, directeur du MPI, et aux participants
de nos deux conférences internationales de 1998 et
de 1999 : Vamik Volkan, Dori Laub, Jan-Philipp
Reemtsma, et tant d'autres !

Soyez aussi remerciés, vous mes amis qui ont
encouragé et soutenu SOS au tout début – Michael
à Hambourg, Malte et sa famille à Würzburg,
Jörg à Heidelberg, Stephan en Toscane, Johannes
et Stefanie à Tosterglope, Irene à Neuss, Ursula
à Athènes, John, Jürgen et Pia, Uta, Günther et
Ines à Brême, Jürgen et Peter à Göttingen, Karl
et Kathrin à Wittenberg, Annette à Mannheim,
Guy et Monica à Bâle, Hervé et Fabienne avec
Léonor, Benjamin et Camille, Patrick et Armelle
avec Violaine à Paris, Joseph et Catherine à Rouen,
Giovanna et Gerhard à Rome, Tom et Fenja à New
York, Peter à Los Angeles.

Et les Berlinois : Martin et Michaela, Reiner,
Thomas, à nouveau Pietro avec Agnieszka, Jürgen,
Matthias, Urs, Shadiye, Petra, Friedrich, mon
copain de classe Georg qui travaille pour le conseil
des réfugiés de Berlin depuis plus de trente ans, et
tant d'autres ! Nos « vieux » voisins d'Eddigehausen, pris par surprise, qui nous ont apporté tant
de soutien, individuel et collectif. Merci pour la
longue amitié de Natascha et Christian, Joachim

et Ute, Gudrun et Hubert, Martin et Pia, Ute et Holger, Katrin et Friedo, Birgit et Heiko, Gordon et Michaela, Kai et Irmi (les «K2s»). Merci à nos voisins Thomas et Corinna et la famille Scheel, nos chers successeurs. Merci à nos amis de Kirchengemeinde Eddigehausen et de Förderverein, Heike, Carola, Peter et Brigitte qui ont gardé le contact. *Last but not least*, merci au «Männergruppe»: Heinz, Hans-Jürgen, Andreas, Hajo, Dietmar et Rogelio, pour l'amitié sans faille et le support moral!

Nos nouveaux voisins à Berlin-Kladow ont accompagné SOS MEDITERRANEE depuis le début – mille mercis à Markus, Julia et leurs merveilleux enfants, qui ont collecté des fonds auprès de leurs amis. Merci pour le bon voisinage de Frank et Silvia, Lino et Lili, de Kathrin, Ingo et leurs enfants, des familles Rahn, Manitz et Herbert et Svetlana. Merci pour le gentil soutien de Joachim et Yvonne (Kladow), de Gelia et Bernhard (Gatow), de Gabriele Fliegel et son association «Wirtschaftshof Spandau». Merci à Helmut Kleebank, maire de Berlin-Spandau, de m'avoir fait l'honneur du «*Spandau citizen award*»!

SOS MEDITERRANEE n'aurait pu voir le jour sans le soutien unanime de ma famille. Nos enfants Lena avec Pekka et Leo, Max avec Nathalie, Lukas et Pia ont soutenu dès la première heure SOS et y ont énormément contribué en y prenant leur part. Merci à ma mère Maja et à mon père Klaus de nous avoir transmis l'histoire de leur famille avec un bel esprit d'ouverture, d'humanité et un grand désir de comprendre. Merci à mes frères Jan avec Ursula, Jakob avec Caroline, Gereon avec Irmi, ma sœur Anna avec Chedli et toutes leurs familles pour leur soutien inconditionnel. Merci à ma belle-mère Rosi Nahrmann et Rolf, Ronald, Norbert et Jutta de nous avoir encouragés. Grand merci aussi à mon oncle Hans Eberhard von Lehe et Jessica Strehl, à ma filleule Melanie-Maja, sa sœur Steffi et leur famille, à ma cousine Susanne et Hans Krebs à Vancouver et à toute la famille Pietzschke, à ma tante Gudrun von Ekesparre, à mon cousin Michael Wörle et Heidrun, à mon oncle Helmut et Hanni von Verschuer, à mes cousins Theodor et Silvia, à Charlotte, à Leopold et Kathrin, et - *last but not least* – à Amei et Adam von Trott, leur famille et leurs amis !

Immense merci à Karin, ma femme chérie depuis tant d'années de vie commune. SOS MEDITERRANEE n'aurait pu exister sans ton amour, ton travail acharné et ton incroyable soutien.

Je dédie ce livre à la mémoire des milliers d'hommes, de femmes et d'enfants qui ont perdu la vie en Méditerranée depuis le début de ce nouveau siècle. Et aux millions d'autres qui sont toujours aujourd'hui réduits en esclavage, torturés, abandonnés, déshumanisés dans leur propre pays et en Libye. J'espère que notre travail à tous pour SOS MEDITERRANEE contribuera à changer leur sort, comme il a changé le nôtre en nous faisant prendre conscience, une fois encore, que nous sommes frères et sœurs, et que nous devons partager, tous ensemble, ce monde unique et merveilleux.

SOS MEDITERRANEE est une association fondée en 2015 par un groupe de citoyens européens, dont le seul impératif est de sauver des vies en mer. Grâce à une mobilisation exceptionnelle de la société civile européenne, SOS MEDITERRANEE a affrété un navire de soixante-dix-sept mètres, l'*Aquarius*, qui sillonne sans relâche depuis fin février 2016 les eaux internationales au large des côtes libyennes. En liaison permanente avec le Centre de coordination de sauvetage en mer de Rome (MRCC), les équipes de recherche et de sauvetage de SOS MEDITERRANEE et de Médecins sans Frontières (MSF), leur partenaire médical, ont ainsi pu secourir, recueillir et soigner en un peu plus d'un an, de février 2016 à début mai 2017, plus de dix-huit mille personnes au cours d'une centaine d'opérations de sauvetage.

Chaque jour en mer coûte onze mille euros afin de financer la location du navire, son équipage, le fuel, et l'ensemble des équipements nécessaires pour prendre soin des rescapés.

Financée essentiellement par des dons, SOS MEDITERRANEE lance un appel à soutien et à mobilisation auprès de tous les acteurs de la société civile : particuliers, ONG, fondations, mécènes, entreprises et pouvoirs publics, afin de lui donner les moyens de poursuivre sa mission de sauvetage dans cette zone de détresse pour des milliers d'hommes, de femmes et d'enfants.

SOS MEDITERRANEE FRANCE – Association européenne de sauvetage en mer Méditerranée BP 70062 13382 Marseille PDC – France

contact@sosmediterranee.org

Site web :
http://www.sosmediterranee.fr
Facebook : https://www.facebook.com/sosmed-france/
Twitter : @SOSMedFrance

Table des matières

L'EXEMPLAIRE QUE VOUS TENEZ ENTRE LES MAINS A ÉTÉ RENDU POSSIBLE
GRÂCE AU TRAVAIL DE TOUTE UNE ÉQUIPE.

MISE EN PAGE ET CONCEPTION GRAPHIQUE : Dominique Guillaumin
COUVERTURE : Sara Deux
PHOTOGRAVURE : Point 11
RÉVISION : Sandra Salès
FABRICATION : Marie Baird-Smith

COMMERCIAL : Pierre Bottura
COMMUNICATION : Isabelle Mazzaschi et Jérôme Lambert,
avec Adèle Hybre
RELATIONS LIBRAIRES : Jean-Baptiste Noailhat

RUE JACOB DIFFUSION : Élise Lacaze (direction), Katia Berry
(grand Sud-Est), François-Marie Bironneau (Nord et Est),
Charlotte Knibiehly (Paris et région parisienne), Christelle
Guilleminot (grand Sud-Ouest), Laure Sagot (grand Ouest) et
Diane Maretheu (coordination), avec Christine Lagarde (Pro
Livre), Béatrice Cousin et Laurence Demurger (équipe Enseignes),
Fabienne Audinet et Benoît Lemaire (LDS), Bernadette Gildemyn
et Richard Van Overbroeck (Belgique), Nathalie Laroche et
Alodie Auderset (Suisse), Kamel Yahia et Kimly Ear (Grand
Export).

DISTRIBUTION : Hachette

DROITS FRANCE ET JURIDIQUE : Geoffroy Fauchier-Magnan
DROITS ÉTRANGERS : Sophie Langlais
ENVOIS AUX JOURNALISTES ET LIBRAIRES : Patrick Darchy
LIBRAIRIE DU 27 RUE JACOB : Laurence Zarra
ANIMATION DU 27 RUE JACOB : Perrine Daubas
COMPTABILITÉ ET DROITS D'AUTEUR : Christelle Lemonnier
avec Camille Breynaert
SERVICES GÉNÉRAUX : Isadora Monteiro Dos Reis

ISBN : 978-2-35204-609-7
N° d'impression : 2029368
Dépôt légal : juin 2017

La bande a été imprimée par Déjà Link,
à Stains (93240), en mai 2017.
La couverture a été imprimée par Bussière à Saint-Amand-
Montrond (18200), en mai 2017.